中国のロジックと欧米思考

天児 慧

中国のロジックと欧米思考

装丁　柴田淳デザイン室

目次

序章　強大化する中国への五つの問い

中国をめぐる話題には事欠くことがない。それもそのはずで、20世紀の末から今日に至るまで、経済の躍進、軍事力の強大化、ハイテク技術の飛躍的な発展など、世界を圧巻し震撼させる時代が持続している。そして今や、20世紀世界のナンバーワンをほしいままにしてきた米国から、主役の座を取って代わらんとするほどの勢いを見せ続けている。しかもそのパワーの源は、欧米の哲学、制度、科学技術などによるところも大きいが、中国独特の人間観、世界観、歴史観、政治・経済・文化などの見方、仕組みなどによるところも少なくない。人々は不安の入り混じった感情の中で、中国はどこへ行こうとしているのか？世界をどこに向かわせようとしているのか？といった、我々の生存・生活にまで関わってくるような根本的な問いに向き合うようになっている。

経済が発展し、人々の生活が豊かになり、活動の自由な領域が拡大していけば、社会は自ずと人間の尊厳が保障され民主主義的な方向に向かう、というのが我々の常識的な考え方であった。人類の歩みは、つまずき、試行錯誤を繰り返しながらも、基本的にはそのような方向で動いてきたと理解されていた。しかし今日に至っては、中国と向き合い、以下のような疑問を投げかけないわけにはいかない。

第一に、中国に民主主義はあるのか？ということだ。もちろん中国のある層の人々は、「中国には中国型の民主主義がある」と強気の発言をしている。しかし国内では言論・出版・結社などの自由は禁止され、最高指導者や執政政党に対する批判は許されない。チベット族、ウイグル族など少数民族の中央政府に対する不満も、徹底的に弾圧され封じ込められている。香港では、返還時には経済活動のみならず、制限付きだが政治活動の自由も保証されていた。それが「一国二制度」であったが、近年では急速に形骸化し、事実上の「一国一制度」となってしまった。外国人でも中国に政治的にコミットすることは、発言のみならず学術レベルの活動でさえ、かなり危険で敏感なこととなってしまった。後述するように、習近平《しゅうきんぺい》時代の前までは、多くの知識人たちが民主主義に対して前向きな姿勢を示していたが、彼らも沈黙を余儀なくされている。これは、「中国型」の民主主義なのか、あるいは民主主義そのものの否定なのか？

第二に、権威主義についてである。広範な領域を支配し巨大な人口を抱えながら、４０００年にも及ぶ長きにわたる歴史の中で、いかにして安定的な統治を実現するかを求め続けてきた為政者にとって、強大な権力、優れた統治機構を作り保持していくことが最優先の課題でもあった。儒教は人間関係を権威的なヒエラルキーによって作り変え、安定的な統治の思想的な土台となった。巨大だが精緻な官僚機構はその物理的な土台となった。しかしこれらが人々の精神的な解放、社会の進歩にとって深刻な桎梏になっていたことも事実である。したがって、ルール、規則、制度などを作り充実させることによって、社会の安定を図る試みを進めることが一般的に進歩とか発展につながると考えられてきた。また全体（専制）主義と民主主義は、それぞれ枠組みとか価値観としてはクリアな概念である。これに対して権威主義とは、枠組みとしても価値観としても曖昧であり、全体（専制）主義から民主主義へと移行する過渡的な体制として考えられてきた。

しかし長い歴史を通してみても、今日の特徴を見ても、中国の政治体制は基本的には一貫して権威主義体制が続いてきたと判断してよいだろう。もちろん権威主義体制も基本的には強権主義であるから、権力は権威と力によって支えられ続けてきたことを意味している。が、それが今日なお「よし」とされている背景と根拠を、どのように考えたらよいのだろうか。なぜ中国ではいわゆる「民主主義的な芽」が育たないのだろうか。

第三に、これらの問題を考えていくと、中国にとって「国家とは何か」を改めて問わざるを得なくなってくる。そもそも今日、国家とは「国民国家」もしくは「民族国家」と呼ばれており、明確な国境線を有し、その内部に住む人々を国民と呼び主権者として位置付けられている。国民によって選ばれた代表で構成される政府が領域内の秩序や生活を保障し、対外関係を交渉する。しかし中国について考える場合、とりわけ伝統的な天下論との関係を整理しておかざるをえない。あるいは現在、国是ともいえるほど重視されている「愛国主義」教育と国家を、どのように関連付けて理解するのかということである。

第四に、中国はなぜ「中国型」「中国式」「中国の特色ある……」といった言い方にこだわるのか。

それを解くカギとして、清末に言われるようになった「中体西用論」を単なる折衷主義の表現としてでなく、その原型として考察してみる必要がある。中学を「体」とし、洋学を「応用」するという発想には、「中国的こだわり」が伺われる。状況が有利な時のみならず不利な時においても自分たちがいかにして主導的になれるかどうか、イニシアティブを発揮できるかどうかが最大のポイントであることを論じてみたい。

さらには以上のような検討を踏まえながら、毛沢東《もうたくとう》以降の時代から具体的な事例を概観し、第五として、今日の習近平時代において、米国イニシアティブに露骨に挑戦し始めた中国が今後どのような道をたどる可能性があるのかを見ておきたい。そして最後に、著者自身の強い問題意識として、今日対決が一段と深刻さの度合いを増している米中関係の行方を探り、より大きな視野から西欧と中国の「共通性」と「異質性」の問題と、西洋と東洋の思想的共存について考察してみたい。

ところで、読者の多くは今日の中国をめぐる議論では、尖閣や南シナ海問題、香港市民・少数民族への弾圧がもたらす今後の影響、また、最近ではとくに台湾侵攻の可能性と日本に関わる諸問題などに格別の注目が寄せられていることだろう。これらに関しては、終章の後半部分、「中国・香港関係と米国」および「台湾侵攻の可能性とシビアな危険」の項で改めて検討されることになる。

第一章　民主と統治

西欧の「民主」と「中国型民主」

習近平の時代になって「民主」あるいは「民主主義」という言葉が軽んじられるようになってきた。教育部は全国の小中学校に「西洋崇拝」につながる本を図書館から排除するようにとの「通知」を発した。…民主主義を掲げる日米欧の政治・経済・動画に関わる書籍は幅広く禁止になる可能性がある（日経2021・4・16）。中国共産党権力の、とりわけ習近平政権による言論・出版の自由に対する弾圧は厳しくなっている。

チベット族、近年ではとりわけウイグル族の「異議申し立て」に対する弾圧が甚だしい。また愛国主義の強調と西側思想の抑圧・制限が徐々に強まる一方で、香港返還以来20年余り「一国二制度」下で続いた経済的自由プラス言論・出版・集会などの政治的自由は、2020年の「香港国家安全法」の制定以来、厳しい管制下におかれ、「一国二制度」は形骸化してしまった。天安門事件以降の傷痕を癒しながら、胡錦濤《こきんとう》・温家宝《おんかほう》の時代はソーシャルメディアなどを活用し、市民の発言空間は拡大し、市民社会の芽が育ちつつあった。しかし習近平の時代になって10年もたたないうちに、そのような政治社会の変化はどこへ行ってしまったのか、と思わせるような状況となってしまった。

独裁国家・中国の暗いイメージが復活した。デジタル技術の発達とともに中国の監視カメラの広がりも急激で、2020年にはついに6億台を超えたと言われ、全中国が常に監視される社会となった。国民の多くはこうした心理的圧力を常に受け、自由のない暗い思いの中で面従腹背を迫られる日々を送っていることだろう。と、思いきや、並行して広がっていったハイテク技術、インターネットなどが生み出した利便的で快適な生活スタイルを享受し、結構満足しながら日々を暮らし、現在の体制を黙認しているともいわれる。同時に共産党の「中華民族の偉大な復興」の掛け声に積極的に反応し、「チャイナファースト」を叫び、欧米先進国との対決をむき出しにするようになった。ある中国人がこのような状況を「民粋主義」（ポピュリズム）の広がりと語っていた。そうした情景は、昭和初期、天皇制による全体主義国家へ邁進し、満州国の国際的承認を却下した国際連盟に不満を表明し、脱退を宣言した当時の外相・松岡洋右《まつおかようすけ》を歓呼の中で英雄として迎え入れた時の多数の日本人の姿と二重写しになってくる。中国はもはや本当に、民主主義的な政治社会を望まなくなったのだろうか？

そうは言うものの、「民主主義」へのこだわりは、中国指導者達の間にも見られる。米中外相の初の会談が2021年3月20日、アラスカで開かれた。バイデン新政権のブリンケン国務長官と中国の外交責任者、楊潔篪《ようけつち》政治局員および王毅《おうき》外相との初の顔合わせであった。ここで楊潔篪氏は、プリンケンによる中国の人権弾圧の批判に対する反論を行い、「中国には中国の民主主義がある」と言い返した。それどころか楊潔篪は、むしろ「米国が提唱する普遍的な価値観」や「米国式の民主」は国際社会に受け入れられていないとして批判した。中国の指導者達も、もちろん多くは民主主義そのものを否定する発言は控えている。上記の楊潔篪の発言がまさにそれを代表している。

しかし今日、中国では習近平体制のもとで自由な発言や行動が弾圧・統制を受けており、楊潔篪や王毅でさえ、自分の考えを自由に発言しているわけではない。習近平の強力な圧力のもとで、共産党指導部が合意している考え方、方針に沿って発言しているにすぎないのではないかと思われている。もちろん民主や自由が抑圧されている状況は、習近平時代に始まったことではない。鄧小平《とうしょうへい》の時代に天安門事件が発生し、民主の拡大を求める学生・市民が、鄧小平の指示によって動員された解放軍の放つ砲弾によって打ち倒され、運動は鎮圧を余儀なくされた。2000年代に入り江沢民《こうたくみん》時代、胡錦濤時代にも台頭する市民社会の中で社会の矛盾に声を上げる人々が増大した。しかし彼らも力づくで押しつぶされていった。民衆が権力によって押しつぶされていった歴史は、毛沢東時代の「反右派闘争」や「文化大革命」の時代にも典型的に見ることができる。しかし清末民初以来、「民主」をめぐる問題は、いつの時代でも主要な政治テーマであり、それを支える主要な政治潮流も存在していた。

ところで、ブリンケンに反論した楊潔篪の主張を解説した江藤名保子学習院大教授によれば、彼は、中国の価値観こそが「人類共通の価値観」と同じで、「中国式の民主」の方が実績を上げていると主張しているが、ここで挙げられた「人類共通の価値観」とは、習近平政権が称揚する「人類運命共同体」に連なる価値観として提起されたものである。それは、習近平国家主席が2015年の第70回国連総会で、「全人類の共同価値」として示した「平和、発展、公平、正義、民主、自由」の6つの概念を示す。また「中国式の民主」とは、選挙による部分的な代表者選任システム（「選挙民主」）と、議論を通じて民意の集約を図る、いわゆる討議民主を実現させるシステム（「協商民主」）の二つからなる政治制度を意味すると説明している（2021・5・霞山会『東亜』5月号）。

しかし残念ながら習近平が提唱していると言われる「人類運命共同体」なるものは、少なくとも今日まで現存しておらず、実体的にどのような内容を示しているのかもよくわからない。仮に「一帯一路」が目指している方向性がそうだとしても、「一帯一路」に賛同する国から言えば、その実益を求めているのが大半で、習近平の理念にどれだけ賛同して集まるのだろうか。いまだスローガンの域を出る話ではない。しかも「全人類の共通の価値」として示された概念は、もともと西洋や日本、そして国連など国際機関において用いられてきた概念であって、特段習近平がオリジナルに提起した内容といえるものではない。

また楊潔篪が強調する「選挙民主」も「協商民主」も、「共産党の指導」、言い換えれば「共産党の統制下」において実施されるもので、自由な選挙あるいは自由な討議が保障されているわけではない。したがって選挙も協商も、共産党の意に沿わない場合も許容されるといったような制度・枠組みではないのである。世界の民主主義国家と呼ばれるような国々において、このような内容の民主は実際には存在していないし、賛同する者もいそうにないことは明白である。

そこでもともと、我々の理解する一般的な民主とは何かをもう少し理論的に整理してみる必要がある。民主の意味を国語辞典でみると、まず、その国の主権が国民にあること、と書かれている。日本国憲法やドイツ連邦共和国憲法、アメリカ合衆国憲法など西側諸国の憲法において、主権在民が謳われていることは、とりもなおさず民主主義を国体として掲げていることを意味する。しかし忘れてならないのは、中華人民共和国憲法においても「主権は人民に属する」と明記されていることである。

これだけを見れば、中国も民主主義国であり、民主を国体の中心においているということになる。しかも民主を体現する国家機構として、西側の国会に相当する人民代表大会がある。行政機関としての内閣に相当する国務院もある。司法機関としての最高人民法院もある。また決議機関ではないが恒常的な協議の場として、人民政治協商会議がある。楊潔篪の上記の発言からも、中国当局が民主主義そのものを否定しているとは言い切れない。

ただし、民主主義を具体的に見ていくと以下のような特徴が挙げられる。

①民が指導者・代表を選ぶ権利があり、そのための具体的な制度・手続きが存在する。
②民は指導者・代表を批判し罷免する権利があり、そのための具体的な制度・ルールが存在する。
③民は一定の条件を満たせば誰でも代表候補になることができ、ルールに基づいて行われる選挙などによって、資格を満たすことができれば代表になることができる。
④民は社会的に重要と考えられる問題に関して知る権利があり、公的問題に関しては政府に情報提供を要求することができる。虚偽の情報に対しては批判する権利がある。
⑤民は一定の責任のもとに、出版、言論、報道、結社の自由を有する。
⑥民は何らかの方法によって政府の見解や政策に対して「異議申し立て」を行うことができる。
⑦権力が一極に集中し独裁体制が生まれるのを防ぐため、三権分立のように権力を分散し独立させ、かつチェック・アンド・バランスが機能するような仕組みを作る。
⑧権力の腐敗を防ぐために、司法の独立のみならず様々な規制の制度、厳しい監視手続きが存在する。
⑨権力機関における政策の審議・決定の過程は原則として公開される。

さて、中国の歴史と実情に沿いながら、こうした一般的な民主の基準と比較して中国の民主を考えてみると、どうであろうか。

①～③は基本的には中国にはない。④は信訪《しんほう》（文章で行政機関に苦情を訴えること）、上訪《じょうほう》（民衆が行政機関に直訴すること）といった、直接に地方・基層政府に訴えに行ったり、訴えの手紙を提出したりする方法があった。これはしばしば放置あるいは無視されることが多く、民衆の不満の種であった。しかし習近平の時代になって、何か身近で問題が起こった時、メディアやＳＮＳなどを使い地元政府に訴えると、短期間で対応をしてくれて不満が減っているという声を聞く。⑤⑥については、共産党批判につながらない枠内で、そうした自由が許容される。言い換えれば共産党批判、共産党の基本方針批判は絶対に許されないということである。⑦の考え方は共産党の中国にはない。もちろん行政・立法・司法は一応分かれているが、業種の相違上そのようなルールになっているだけであって、権力の分散という発想ではない。権力は周知のように、共産党に集中している。⑧に関しても、中国では「絶対的な権力が腐敗を生む」という考え方はなく、「腐敗を生み出す可能性を持った人物が腐敗を作り出す」ということで、こうした人間の権力からの徹底した排除、もしくは鍛錬・教育によって修養することで腐敗を取り除くといった発想が強い。

このように見ていくと、西洋に起源を持つ「民主の考え方」と「中国型民主」には大きな相違があることがよくわかる。もう少し掘り下げて、今度は中国の民主をめぐる問題を考えてみよう。

中国人にとって「民主」とは

主権が民にあるということは、まず①民の存在が尊重されるべきという考え方を前提とする。②民は公的な領域における意思決定に参加する権利があり、それが保証される仕組みがある。③民の主体的な行動によって「合意」が形成され安定的な秩序となる仕組みが存在する。中国ではこれらの点が必ずしも保証されているとは言えない。中国にとっての国家とは、このような意味では決して国民を代表する概念とは言えず、ある種の民族の歴史を象徴するシンボル的な存在であり、同時にそうした存在を正統化する歴史、制度、領域などによって構成されている概念である。そこに住む人々は国家によって守られているとはいえ、国家を構成する主体であるとは必ずしも言えない。そこには、儒教的な人間観を見ることができる（この点は後述する）。

今日の中国社会においては社会の多様性、多元性よりも、「愛国」や「中華民族の偉大な復興」などの表現に見られるような一元的価値が強調されている。そして国家を安定させるために、国内においてハイテク技術を酷使した高度で徹底した監視社会が形成されてきた。同時に政敵を芽のうちに摘み取るために、共産党内で習近平に異論を持ちそうな指導者たちをことごとく潰し、習近平色を前面に打ち出すようになっている。権威主義体制を超える新しい形の全体主義的体制の形成に近づいてきたかに見える。

さらにチベット自治区、新疆ウイグル自治区や香港において、実質的な民族自治制度や一国二制度の採用といった柔軟な対応や制度が大きく後退し、中央政府に異議申し立てを行うような発言や行動に対しても徹底的に弾圧するようになった。対外的にも増強する軍事力を背景に、領土領海の拡張が目立っている。多くの人々はこれをもって中国を非民主的な権威主義的・大国主義的独裁国家、「戦狼外交」を推進する国と呼ぶ。

１９７０年代の文革後期の頃だったか、日本に来ていた中国人に会う機会があり『毛沢東語録』などで「人民こそが歴史を創造する主人公である」、「人民のために奉仕せよ」、と力説していた毛沢東の考え方をどのように解釈したらいいのか、と問うたことがある。その人が苦々しい表情で「それこそ大衆愚弄主義だ」と答えたことを、今でも記憶している。現代中国は、指導者によって一般大衆が振り回され、愚弄されてきた歴史だと言えるかもしれない。近年、「大衆のために」という言葉がいっそう頻繁に用いられる傾向にあるが、他方で国内の多くの人々は、民主主義の意義や重要性を声高に主張することは控える傾向にある。確かに民主主義そのものを否定する発言は少なく、冒頭の楊潔篪のように、しばしば中国なりの「特色ある民主主義」「中国型民主主義」が強調されているのが現実であろう。

中国人にとって、あるいは中国指導者にとって「民主」とは何なのかを、改めて問い直してみることは決して無意味なことではない。なぜなら世界を驚かせた経済成長や早期にコロナパンデミックを封じ込めた今の中国は、西側が取ってきた民主主義体制の後追いをしないと公言して憚らなくなってきたからだ。まず一般にみれば、民主主義の前提として、社会に存在する人々の主体的な行動こそ国や社会を築く原動力という考え方がある。そうした人々の考え方は、自由・闊達であるがゆえに、時として混乱とか対立を生み出すものであるが、それ自体が社会を活性化し創造していく力になるのである。社会の合意のもとで公平性と平等性を維持しつつ、そのような活動を可能な限り実現でき、かつ安定的な秩序を保証するシステムが民主主義の制度であると理解されている。もちろん現実には安定的な秩序が壊される場合もある。中国の方が腐敗に対して厳しい対応をしていることも少なくない。ではどうして私たちは、西側諸国を民主主義国と表現し、中国のような国を権威主義的独裁国家ないしは全体主義国家と表現するのであろうか。

民主主義の原則とも言えるリンカーン米大統領のゲティスバーグでの演説に沿って、民主の内容を検討しておこう。主権が民にあるということは、まず①民の平等主義的な考えに基づく主体的な行動によって、「合意」が形成され安定的な秩序となる仕組みが存在する（of the people）。②自由な民の存在が尊重されるべきという考え方を前提とする（for the people）。③民は公的な領域における意思決定に参加する権利があり（by the people）、それが保証される仕組みがある。この点に関してよく指摘されるのは、中国においては of the people も for the people もあるが by the people の概念、実践が極めて弱いと言うことである（李暁東《りぎょうとう》『現代中国の省察』国際書院、2018）。なぜ by the people の概念が脆弱なのか？ そのヒントは中国の伝統思想、とりわけ後世に最も強い影響を持つ儒教思想にあり、同時にそれを受け止めるそれぞれの時代の人々のあり方にあるようである。

この点で西欧の民主主義と極めてクリアな違いが見られる。ギリシャ・アテナイにおいて始まった直接民主主義は、資格のある有権者全員の参加によって構成される民会において様々な議題が討議・検討され、指導者の選出、法案の決定、社会的な問題の処理などが行われた。透明性、公開性、自治意識が高く、社会的合意形成に有効で、民主の制度的発展を促し秩序の形成・安定に効果をもたらした。無論全員参加ということで、規模に大きな制約があり、また専門的な議題に関して、専門性の欠ける参加者が少なくなく、いわゆる衆愚政治に陥る危険性もあった。規模を大きくして民主主義を実現しようとする制度は、いわゆる間接民主主義（代議制民主主義）と呼ばれるもので、ローマにおいて取り組まれた共和制がそれに当たる。今日における民主主義は、多くがこの間接民主主義制度である。

このような民主主義の考え方は、中国では清末民初期以前においてはほとんど存在しなかった。

儒教思想と統治者と民

まず儒教思想の中で国家をどのように捉えておけば良いのだろうか。中国における伝統的な国家概念は西欧諸国で理解している「国民国家」とはかなり異なった概念である。多民族国家の中国の研究者、王柯《おうか》は、元来中国は国民国家というよりもむしろ「天下国家」という表現が当てはまると指摘していた（『「天下」を目指して：中国多民族国家の歩み』農山漁村文化協会、07）。そしてこの天下国家を支配・掌握し、秩序を維持していったのが天子＝皇帝である。天下王朝体制について西順蔵は次のように語っている。「天下王朝体制の骨格は、自生的生存である〈天下の人民〉に対する君臣集団の一方的な君臨支配である。この場合、君臨の権原は、その頂点たる帝王が天下の人民の総体――これを天と呼ぶ――に対し責任を負うものとした天子でもある、という点にあった。言い換えれば、天下王朝体制とは、天→天子＝帝王→人民＝天といった権威の還流構造の上に成立する相対的な上下秩序だと言える」と指摘している。「しかし王朝は、その君臨者としてのエゴイズムから、（人民への責任よりもむしろ）後者つまり秩序定立の方に傾斜する」と西は付け加えている（『中国思想論集』筑摩書房、1969、375頁）。中国における統治の本質をこのように喝破されるとわかりやすい。

周知のように、長きにわたる春秋戦国の混乱期に登場した儒教の核心は「いかに良き統治を実現するか」という命題に答えることであった。良き統治の核心は良き指導者（君主、為政者）を如何に作るかであって、良き制度をつくることではなかった。そのために治者の最も大切なことは彼が統治する心構え、作法を身につけ（＝修身）、あるべき被治者との関係を習熟し実行することであった。この点よく言われていることは、「徳をもって治める」ことである。治者の徳、慈愛、仁に対して被治者が忠、義、誠によって自然と治者に従う関係が形成される、つまり人間の情・理性・感性・畏敬の念などによって形作られていく秩序こそ理想であった。

ここで留意しておくべきは以下の二点である。

第一の点は、儒教思想においては統治するもの＝治者と、被治者が基本的には決定的に分離させられているということである。被治者が治者になる道は、覇権を争う戦争の勝利者になるか、あるいは科挙試験に合格し、何らかの官職を得ることであった。豊富な知識を持った膨大な科挙受験生も合格しない限りは、治者の手足にはなっても、治者ではなかった。合格するためには当然にも賄賂とかコネクションといった不正も存在していた。「君子は食を語らず」（論語、学而）のように治者（為政者、士大夫、幹部）と一般庶民の思考・行動は対照的であり、その結果として支配―従属の関係が形成される。このような関係構造は中国政治社会の際立った特徴であった（58頁詳述）。

中国のこのような特徴と対照をなした考え方が、古代ギリシャ・アテナイの「民会」である。民会とは古代ギリシャのポリスにおける市民による直接参加の議決機関と言われる。その代表的なものとして、アテナイのパルテノン神殿がある丘に市民たちが集まって、ポリスの政策や戦争・外交をめぐって演説を行い議論を交わし、政策、方針などを決定する光景が思い起こされる。民会はポリスの規模が大きくなるにつれて、議論の深化や規模の拡大など課題が目立ち、やがて500人評議会が実権を掌握することになった。そしてローマ時代に入り、代表を選び彼らに政治を委ねる間接民主制（共和制）が広まっていった。いずれにせよ政治の主体者として民が存在していたといえよう。

中国の歴史を紐解いてみて、農民反乱といった非日常的な時空はともかく、日常的な時空において一般民衆が政治に主体的に関わっていくような現象、それをサポートするシステムは見られなかった。それを理論的に固定化した考え方として、儒教の階級二分論があるのである。そしてこのような治者と被治者、エリートと民衆をクリアに分ける発想は、近代的変革が始まった清末・民初期以降においても継続していた。

例えば、中国革命の父と呼ばれる孫文は、「孟子」万章上編に見られる人間を「先知先覚、後知後覚」の二種類に区分していることを肯定している。先知先覚者は指導者・エリートであり、後知後覚者は部下、追従者、老百姓・民衆などである。その上で、彼はこれに「不知不覚者」を加えて人間の三区分論を展開している。つまり先知先覚者が時代を切り開く革新的な構想を出し、後知後覚者がそれを宣伝し、不知不覚者が実行することでこの人間関係の構造は完成するということである。ただし孫文は、建国方略として軍政—訓政（以党治国）—憲政の三段階を考えており、前二者においては人間の三区分論は適用できたが、憲政期に入ると人民自身の選挙による指導者の選出を構想していた。民衆が指導者を選ぶことが肯定されるのは、民衆をもはや不知不覚者とは考えていないことを前提としており、三区分論は成り立たたなくなる。

留意すべき第二の点は、伝統思想の中で民主主義の考え方に最も近い概念として「民本主義」を上げることができるが、この考え方にもやはり西洋の民主主義との違いが存在している点である。

これまでよく用いられてきた民本主義を代表する古典的な言葉は、「民は惟れ国の本なり、本固ければ邦寧し」（『尚書』・五子之歌）、「民を貴しと為し、社稷これに次ぎ、君を軽しと為す」（『孟子・尽心下』）といった表現に見られる。しかし李暁東《りぎょうとう》が指摘しているように、「民ただ邦本」と言っても、孟子はただ「保民」や「救民」だけを言って、民による自治を言ったことはない。上の二つの引用文も、民を重視しているが「それはあくまでも支配者の視点から見たものであり、民はあくまでも支配される客体であり、主体性を持つ存在ではなかった」（前掲書、30頁）。言い換えれば民本主義の考え方は主体的な行為者としての民という認識が欠落していた。それはあくまでも支配者の視点から見たものであり、民はあくまでも支配される客体であり、主体性を持つ存在ではない、ということである。第一の点として指摘した治者と被治者の二分法的考え方は、治者＝主体者、被治者＝受動的存在であり、被治者を民と置き換えることができよう。

清末以降の近代思想を受容していたエリート達にも、儒教の人間の二区分的捉え方や、非主体的な民の捉え方が強く影響していたように見える。例えば、康有為《こうゆうい》は『大同書《だいどうしょ》』の中で、歴史について天下の人民に加えられている諸制約＝「界」が順次取り去られて、人民の各人が完全に自立し自由となっていくことを進歩の過程とみなしている。……ところが康の考える歴史の主体は、構想された立憲制国家の成員たるにふさわしい〈国民〉の概念を裏切るものであった。康によれば、「界」を取り去るものは人民自身ではなく、教主〈孔子〉である（西順蔵・前掲書、37頁）。教主の存在こそが、界による制約から人民に苦を強いる界を取り去り人民を自由の極楽へと教導する。人民の自由への志向は教主のみによって認められる。その意味において人民は非主体的な存在であった。

当時の知識人たちの中で欧米的な近代的国家の建設を最も強く希求していた厳復《げんふく》でさえ、「民こそ天下の真の主人公だと主張し」たが、「現実には民が自治能力を持たないから、やむを得ず聖人君主が民を治め、民が自治能力を得た後に、完全な自由を許すのだ、と言って、清朝皇帝の上からの改革に期待していた」（西「原典2巻」41頁）。孫文の民主主義も、無条件に西欧の民主主義を取り入れたわけではなく、いわゆる「指導された民主主義」といえるものであった。

中国共産党と民主

中国近代史における思想的な画期となったのは、言うまでもなく五四運動《ごしうんどう》であろう。この運動に賛同した知識人たちは、少なくとも理念・考え方としては、人民を主体的な存在として捉えるようになっていた。その中で初めて民主は中心的な議題となったのである。当時この運動を象徴するスローガンは「民主と科学」であり、批判の対象としたのが伝統思想を代表する儒教であった。もちろん上で述べたように儒教の中にも民本主義と呼べる「民主的なるもの」の考え方もあったわけではあるが。当時の知識人、青年たちが主張した「民主」とは一体どのような意味を持っているのか。

陳独秀《ちんどくしゅう》は1915年に上海で『青年雑誌』（後の『新青年』）を創刊し、旧来の文化に対して全面対決の姿勢を鮮明にした。民主（デモクラシー）と科学（サイエンス）を合言葉に、中国を根底から変革して個人の自由を確立しようとした。陳独秀はその中で…「デモ氏とサイ氏を擁護しようとすれば、孔教、礼法、貞節、旧倫理、旧政治に反対せざるを得ない。デモ氏とサイ氏を擁護しようとすれば、国粋と旧文学に反対せざるをえない」と、儒教を対決すべき旧思想の代表とみなしている（『原典中国近代思想史』第四冊、岩波書店、11頁）。初代学長の厳復《げんぷく》によって西洋学へとシフトしていた北京大学でも、展開したこの新文化運動は袁世凱《えんせいがい》等によって進められた儒教国教化運動をけん制するもので、儒教との決別を目指した。このように五四運動当時は、儒教は旧思想、旧体制のシンボルであり、民主は新思想、新体制を創造するシンボルであり、両者は水と油の関係として認識され、儒教の中に「民主的なるもの」を見出すといった発想はなかった。

世界に目をやると、1917年にロシア革命が起こり、やがてソビエト社会主義連邦共和国という人類史上初の社会主義国家が登場した。この国を指導するロシア（後のソ連）共産党は、ロシア帝国を含む先進諸国の戦争を「帝国主義戦争」「植民地侵略戦争」などと鋭く批判し、これまでロシア帝国が結んでいた条約や獲得した領土などを放棄するといった大胆な行動に出た（カラハン宣言）。ロシア革命及びその後のソ連の一連の行動は、世界各地の植民地地域、被抑圧民族、労働者階級などを鼓舞することとなった。またソ連共産党自身がこういった地域、民族、階級の組織化を目指し、世界組織としてコミンテルン（第3インターナショナル）を設立し、世界革命を目指した。

こうした世界動向に対応して、中国でもラディカルな考えや行動をとる人々が次第に、共産主義的組織、研究会を作りいくつかの塊となっていった。そしてそれらを糾合したのがコミンテルン指導下で建てられた中国共産党であった。その最高指導者が陳独秀であり、同じく北京大学の教授・李大釗《りたいしょう》であり、「湖南自治」運動を推進していた毛沢東らであった。当時の彼らの著作に目を通してみるならば、植民地略奪を試みる帝国主義と同じレベルで中国を停滞社会に導いた元凶として儒教を捉え、批判の的とみなしていた。しかし共産主義におけるエリート主義的な指向と儒教のエリート（治者）論の間には微妙な重なりを感じないわけではなかった。

共産党は本来、平等主義の徹底化を目指し、従来の民主主義自体に対してさえも、「ブルジョア民主主義」という表現で批判し、より平等で公平な民主主義を「プロレタリア民主主義」として主張するようになっていた。しかし現実世界の中で、プロレタリア民主主義をどのように実践するかという課題は容易ではなかった。特にレーニンは、前衛党＝職業革命的戦闘集団を重視し、そのことがやがて共産党組織自体を事実上労働者階級にこだわらず、知識人、プチブルジョアジー、農民、軍人など幅広い層から集め、思想的にも実力的にも戦う集団として育成するようになった。中国共産党の歴史を見ても、労働者出身の指導者はほんの一握りで、その多くは知識人出身、農民出身、兵士出身など雑多な集団の集まりであった。彼らは、劉少奇《りゅうしょうき》が『共産党員の修養を論ず』——修養という表現自体が儒教の言葉であり、思考の仕方に儒教的陰影を見ることができる——で著したように、徹底した思想学習、鍛錬を通して「立派な共産主義者になる」のであった。そして共産党員は平等主義を前提としたプロレタリアートの精髄ではなく、徹底した思想教育で鍛え上げられた集権主義的な戦闘集団であった。

1945年6月、第7回中国共産党代表大会の閉幕の辞で、毛沢東は「愚公《ぐこう》山を移す」という戦国時代『列士《れっし》』の中にある伝説を紹介している。愚公という老人が子々孫々にわたって山を移す決意を語ったことに、天帝が感動し、二人の子を派遣して山を移したという逸話である。そして毛沢東は眼前にそびえる我々が立ち向かうべき二つの大きな山として、日本帝国主義と中国国民党政権を挙げ、それらの打倒を呼びかけた。興味深い点は、この演説の中で毛は「天帝とは誰か」と自問し、「それは人民である」と答えていることだ。

これに関連して橋爪大三郎は興味深いコメントをしている。「中国的原則をもうちょっと敷衍すると、天が政治の正しさの根源。でも天は見えないし、観察もできないでしょう。現実問題として天は何かと言うと、人民の評判なんです。人民の評判を失うと政権は崩壊する、というふうに実際は機能してきた」（『おどろきの中国』講談社現代新書、328頁）。以上のような説明は上述の西順蔵が説明した伝統的な権威の還流構造、すなわち天→天子＝帝王→人民＝天の枠組みでしか人民を語っていないことで、天の声＝人民の声と言っても「解放を求める」とか「生活の保障を求める」といった漠然とした声しかイメージされていない。もちろん人民が具体的に参加した

「意思決定の場」など、毛にとって想定の中にはなかったとしか言いようがない。共産主義思想を学んだはずの毛沢東が結局は、伝統的な儒教思想の枠の中で思考していたということになる。

民主の芽が摘まれていく建国初期

制度という点から見ると、確かに建国以降打ち建てられた人民代表大会制度は、手続き的には、区・郷レベルの人民代表が住民の直接選挙によって選ばれ、県、市、省と続くそれ以上のレベルの代表はひとつ下のレベルの代表の投票によって選出されるという規定がある。これによって一応は民主的手続きによって代表が選ばれるということになる。しかし実態をよく見てみると、それぞれのレベルでは党委員会組織部の意向によって代表候補者が決められており、住民は代表候補者が誰かほとんど知る由もなく、幹部に言われたままに投票し、代表が形式的に選出されるのである。このやり方が建国以降、今日まで一貫して続いており「共産党の指導」を貫徹させている根幹にあるのである。

後でも触れるが、今日の香港において、民主化をより推進しようとしたグループに対して、中国当局は敢然と弾圧し、普通選挙の根を絶やそうとしている。「党の指導」を貫徹させるために党のお墨付きの候補者推薦人を予め決め、共産党の監視のもとで立候補した人々を彼らによって選ばせるというやり方を押し付けてきた。

他方で、エリートの育成には建国初期から力を入れており、教育全般としては小学、中学（初級、高級）、大学でそれぞれ教員の質、予算、設備などで優先されている重点校を設置し、エリート育成のための特別な教育を推進した。党でも人材育成の制度化をすすめ、共産党青年組織（共青団）や党校（中央党校、省・市級党校など）といった党員幹部育成専門組織が設置され、これらの学校において特別の学習・訓練を経験した人材が育成され、共産党や国家機構でのエリートとなっていったのである。共産党員予備あるいは候補組織は、自由に自分の意思で参加することができるわけではない。何人かの指導的幹部による推薦と厳しい審査を通してこの組織に加わることができるのである。その後一定の期間、思想的規範的なトレーニングを受け、それに合格した者のみが正式の党員になることができ、彼らの中から党組織部によって抜擢され国家の幹部になることができたのである。

中華人民共和国はよく知られているように、共産党一党が作ったものではなく、国共内戦の過程で蒋介石《しょうかいせき》の国民党政権に将来を託することを躊躇した第三勢力、国民党内の反蒋介石グループ、いわゆる八つの民主党派と共産党との連合によってうち建てられた。民主党派は共産党が社会主義社会ではなく新民主主義社会の実現を目指すという基本方針を示したことで、連携して新中国の建設に賛同したのである。

実際、建国初期には人民民主協商会議が国会の役割を代行し、「民主協商制度」と呼ばれる共産党と非共産党系の「対話、討論」の場が実質的にも機能していた。しかし早くも1952年末から53年にかけて、毛沢東は社会主義建設への転換を意味する「過渡期の総路線」を主張するようになった。もちろん民主諸党派の人々はこれに対する不満を抱いた。が、「三反《さんぱん》五反《ごはん》運動」などによって「反共」「反革命」分子として批判を受けるようになり、口を閉じるようになっていった。中ソ対立の序幕に入り始めていた56年はじめ、毛沢東は自由闊達な中国イメージをアピールするため「百花斉放《ひゃっかせいほう》・百家争鳴《ひゃっかそうめい》」を呼びかけ、民主党派の人々に「自由に共産党を批判して良い、言うものに罪なしだ」などと積極的な発言を煽った。

こうした共産党の呼びかけに積極的に応じた知識人の一人が、『光明日報』編集長の儲安平《ちょあんへい》であった。彼は「党天下を論ず」と題する論評を発表し、党が全てを仕切る現状を批判し、建国当初の連合政府体制への回帰を呼びかけた。彼は社会主義への共感を抱きながらも、民主政治への飽くなき希求を示したのであった。同じような思いを抱く民主諸党派、民主人士らがこれに続いて「百家争鳴」の如く積極的に発言をし始めた。しかしまもなく、毛沢東自身が「これは一体どういうことか」と皮肉を込めた反論を発表し、以後一挙に共産党からの猛烈な批判攻勢が始まった。その勢いは予想をはるかに超えた厳しいものとなり、彼らは「右派分子」というレッテルを貼られ、共産党の前にひれ伏すことを余儀なくされた。いわゆる「反右派闘争」である。思えば、抗日運動、国共内戦、新中国の誕生などを通して芽生えてきた中国の民主勢力が、共産党の力によってねじ伏せられていく最初の大規模な出来事であった。以後今日に至るまで、共産党とも距離を置いた自律的な民主化を求める動きはいくども浮上したのであるが、その度に共産党の鋭利な刃物によって切り取られていったのである。

今日言われる「中国型の民主主義」とは、何よりも「党の指導」という大きな傘のもとに機能しているのであり、党の指導に反発する民主主義は秩序を乱す「反革命」「反乱分子」とみなされた。したがって党幹部選出の手続きにおいても、参加者の自由な話し合い、推薦、選挙などによって決められるのではなく、党組織部の意向によって事実上の代表が決定されるのである。このようなやり方が1950年代中頃にほぼ定着し、今日の党中央委員会委員、各級人民大会代表、各級政府指導者の選出・決定においても同様に継続している。形式上、「一国二制度」を採っている香港・マカオにおいても、返還当初は自由な選挙による代表の選出が目指されていたのであるが、徐々に党の指導が強まり、予め党中央の意向が反映した候補者が選定される度合いが強まっており、その意味では同様である。

このように各レベルにおける指導者を選ぶという行為、つまり基本的には上からの権威・指導力によって事実上決められていくというやり方は、どのような理屈によって正当化されているのだろうか。

権力の正統性における「民」

このような考え方は確かにレーニンのプロレタリアートの精髄としての「前衛党」論という解釈によるものであろう。しかしながら、レーニンの「前衛党型」独裁論は、１９９０年代の社会主義国家崩壊のドミノ現象によって否定された。もっともロシアではプーチンの登場によって独自の権威主義体制が復活しているが、これはロシアの政治文化とも強く関連しているのであろう。中国では同じ時期に、共産党否定の動きは部分的にはあったものの、総じて主要な潮流になることはなかった。そのような現実を踏まえ、なぜ共産党が生き延びているのかを考えるならば、中国における「政治文化」、とりわけこの間考察してきた儒教的な伝統思想の視点から、このような「変わりにくい政治体制」を考えてみる必要があるだろう。

確かに、儒教的民本思想は、既述したように「人民による」のモーメントが欠如している点でデモクラシーとは区別される。今日、新儒学派と言われる康暁光《こうぎょうこう》は自著『仁政』（孟子が理想とした政治）の中で、共産党体制を擁護しながら以下のように持論を展開している。仁政はなぜ西欧民主政治体制（人民主権、多党制、普通選挙など）のようにならないのか。主に四つの正統化の根拠を示している。第一に、儒家《じゅか》は主権は全人民に属することを認めるが、治権はただ「儒士共同体」のみに属する。天道は民意より高い。儒士共同体のみが天道を実現できる。第二に、仁政こそが最良の政治で、儒家は多党制に反対する。第三に、儒家は普通選挙に反対する。それは抽象的な平等原則を受け入れないからではなく、実質的な不平等原則を堅持するからである。第四に、儒士共同体外の人々は統治の権利はないが、最良の統治を受ける権利はある。きちんとした根拠を示さない、偏見と独断に満ちた主張であるが、民衆を政治に参加させないクリアな主張にはなっている。興味深いのは、儒教擁護のこういったロジックを、まさに共産党統治を擁護するロジックとして用いていることである。

我々は確かに現在の共産党が、政権政党であるという正統性がどこにあるのかを不明確なままにしていることも承知している。民主主義では普通選挙を通して住民の多数の支持を得ることが最も重要な正統化行為である。かつては共産党自身が、執政政党である根拠、すなわち正統化のロジックを、半植民地状態から独立を勝ち取り、中国人民を解放したのが共産党であるとの理由に求めた。１９７０年代頃までは戦争体験者も多く生存しており、体験的にこのような理由を受け入れる歴史的背景があった。１９８０年代以降の鄧小平の時代には、革命戦争体験は徐々に影を潜めていったために、権力の正統化の新しい根拠を探さなければならなかった。そして「中国を豊かにする」ことが正統化の理由であると言われるようになった。しかし、今日の中国政治にはそのような正統化の根拠と行為は必要でなくなったのか。

確かに歴史上、「禅譲」という考え方と実践は見られなくはない。しかし伝統的には、「権力は奪い取るもの」という考え方が極めて強い。天安門事件で党体制が揺らいだ時、鄧小平、陳雲《ちんうん》、李先念《りせんねん》など「八老《はちろう》」と呼ばれた長老たちの集まりで、「我々が作った国はやはり我々の息子たちに引き継がせるのが良い」（陳雲《ちんうん》）といった声が強まり、上海派の「革命烈士の息子」江沢民に白羽の矢が立ったと言われている。

その後、胡錦濤を経て習近平にバトンタッチされた時も、長老にとって北京大学の秀才と言われたが所詮は地方農村の小役人の息子だった李克強《りこっきょう》よりは、「紅二代」と言われた習近平の方が安心できるという出自が、最大の理由であったといわれる。つまり今日においてさえ、中国における政治観念は「近代的なもの」とは言えず、ましてや権力の正統性に関して制度化された手続きによるといった発想は育っていなかった。

そこで以前に台湾を訪れ、著名な政治学者である中央研究院政治学研究所所長の呉玉山《ごぎょくさん》教授と意見交換をした時、中国における権力の正統性は何によって説明されるのかと問うたことを思い出した。彼によれば、①王朝史の文脈において継承性があると判断できること、②中国のナショナリズムを体現できること、③中国を豊かな国に導いていると実感できることの三点が重要だと指摘していた。「中華民族の偉大な復興」という表現には、この三点が見事に含まれていることがわかる。「偉大な復興」という表現には歴史的継承性が前提であり、かつての「豊かな中国」の再現が目指され、それが中華民族という広義のナショナリズムの再興ということになる。そこにはいわゆる「民」の存在、あるいは行為が見えてこない。

同時にとりわけ習近平の時代になって、冒頭でもふれたように「民主」あるいは「民主主義」という言葉が、一段と軽んじられるようになってきたと言われる。既述したように2021年4

月、教育部は全国の小中学校に「西洋崇拝」につながる本を図書館から排除するようにとの「通知」を発した。この記事を掲載した日本経済新聞は「民主主義を掲げる日米欧の政治・経済・動画に関わる書籍は幅広く禁止になる可能性がある」とコメントしている（日経21年4月16日）。さらに教育部は8月24日、学校で指導するための教科書ガイドラインを発表した。そこでは個人の目標が国家富強・民族新興と結びつくことを目指すこと、および習近平思想を「現代中国のマルクス主義」と位置付け、思想教育の徹底を図ることが強調された（日経21年8月25日）。自由・民主の領域は一段と狭められている。返還以来、「一国二制度」と呼ばれる枠組みの中で許容されてきた香港の自由・民主も中国当局にとって都合の悪いものと判断され、ここ数年来骨抜きにしようと試みたが、香港住民の徹底的な抵抗にあった。そこで決断したのが力ずくによる「一国二制度」そのものの事実上の解体で、香港住民は中国大陸の人々と同様に権力の強い監視下に置かれることになった。

次に行われる香港立法議員選挙では、「共産党支持」を表明しない者は立候補資格を失うこととなった。「共産党支持」は、主権者たる民に向けられた「踏み絵」であった。世界の民主主義国家と呼ばれるような国々において、このような選挙は実際には存在していない。

コロナ禍に見る効果的な統治と良き統治について

コロナウィルス騒動に振り回された最近の中国政治の状況を見ていると、統治のスタイルをめぐって改めて深く考えさせられることがある。習近平以前の鄧小平〜胡錦濤の時代には、一党独裁ではあってても比較的分権的で「民主的」なやり方が定着しつつあったが、習近平の指導体制では、スターリン、毛沢東の共産主義制度下の独裁スタイルに加えて、以前の伝統的な統治に先祖返りしたような様相である。確かに習近平なりの立場で民衆に配慮した政治、政策がなされている場合もあるが、集権的で強引なやり方がより強くなっていることも否定できない。

コロナが蔓延すると、有無を言わせぬ都市封鎖に踏切った。確かに、政策が速やかに決定され、実行に移すことができ、目に見える効果を発揮することができた。そして事態が落ち着いてきたところで、中国のやり方が模範的なもので世界は中国流の権威主義的な指導体制を広めるべきだ、と言わんばかりのアピールをするようになってきた。しかし2019年12月から1月にかけての情報の封鎖によって人々は事情を知らされず、コロナが蔓延する過程で国内、国外の人々は全く無知、無力であった。そのことが人々のコロナ感染に対する警戒感をおろそかにさせ、一挙に蔓延させる一因となったことは否定できない。この問題はどう考えたらいいのだろうか?

このやり方でいくと、一般の生活者の意向や願望がしばしば無視され、政策決定者の独断的な判断と意思で、生活者が犠牲に追いやられることは少なくない。2019年12月当時、武漢でコロナウイルス感染の広がりを警告した地元の医師（李文亮《りぶんりょう》）がいたが、党の方針に違反し社会の秩序を混乱させるものだとして拘束され、やがて彼自身がウイルスの感染者となり死に至った事件はまだ記憶に新しい。今時、この程度のごく正当な意見さえ自由に発言できない政治体制とは異常そのものである。コロナの話題とは異なるが、ここ2、3年海外メディアで取り上げられていた許章潤《きょしょうじゅん》・清華大学教授の、対外への資金融資における政府政策の批判も、公正で理にかなった説得力のあるものと思われるが、当局から強い圧力をかけられていた。この程度の異論さえ許容できない体制こそ問題である。

中国流で説明するなら、指導部で決定された政策自体は「神聖にして不可侵」である。問題は決定された政策が結果として効果があったか否かであるということになる。このロジックはおかしいのではないだろうか。確かにコロナウイルス感染の爆発的な広がりに対し指導部は、武漢の封鎖を決定し、ウイルスの拡大を封じ込める一定の効果はあげることができた。しかし今日の時点（2021年7月末）では、中国の感染は封じ込められていると言われているものの、報道は官報のみで、一般のメディアでは中国の現状についての具体的な状況や数値がほとんど見られなくなってしまった。しかも漏れ伝わるプライベートな報道を見ていくと、この間の経緯の中で武漢内に閉じ込められた多数の感染者が次々と感染し死に追いやられていた。SNSの動画で、路上で放置されたいくつもの遺体を目にすることもできた。それでもこうしたプロセスはたいして問題にならないのか。

時代をはるかにさかのぼる1958年から61年にかけて、毛沢東の呼びかけによって「大躍進」と呼ばれる政策が推進された。大衆動員方式による鉄生産運動や人民公社建設、大規模治水灌漑工事が繰り返された。そのことによって農業生産活動がなおざりにされ、また盲目的な「共産主義的」分配によって備蓄した食料などがあっという間に底をつき、わずか3年間で4000万人前後と言われる、膨大な数の餓死者を出したことがあった。いくつかの資料や関連書物によると、飢えに苦しむ農民たちが自分の郷里、省を捨てて食を求めて各地を放浪しようとした時、解放軍、公安部隊などが封鎖線を作り、人々の流出を阻み現地での餓死を強要した。人肉を食べることすら行われ、そして次々と餓死していく凄惨な状況が描かれていた（楊継縄《ようけいじょう》『毛沢東 大躍進秘録』文藝春秋、他）。

1980年代当時、私はメディアに描かれる中国社会のイメージの分析を行い、かなり集中的に50年代後半の『人民日報』『新華月報』を読み込んでいたことがある。が、思い起こすと大躍進に関しては成功の事例、共産主義社会の実現に向かう大成果、毛沢東思想の偉大な勝利などのみが記事として掲載され、その失敗や悲惨な事例は全く見ることができなかった。文化大革命においても然りである。おどろくべき悲しいことである。天安門事件において状況が少しばかり変わったが、当時の改革派指導者、趙紫陽《ちょうしよう》総書記が失脚してからは、徐々に以前のスタイルの報道に逆戻りし、習近平政権になって現場の報道関係者、知識人たちの抵抗も虚しく報道の自由がほとんど剥奪された状況になってしまった。

今日のコロナウイルス感染の対応に関しても、結果としては一定の効果を上げることができたが、一般市民、国際社会に対する情報提供に関しては過去の事例とよく似ている。とにかく現場の状況がどうなっているのか、真実が伝えられてこない。中国の権力者たちが、一般市民や国際社会はどうなっても構わないと考えているとは思わないが、まずは政権の利益（既得権益）、大義（メンツ）、大目標（中国イニシアティブの世界）の達成を最優先するという考えが根底にあるのは確かだ。ウイルス感染による国家の秩序、経済打撃を最小限に止めるということが当面の主要な課題・目標であり、その先には米国を凌ぐ「偉大な復興」という大目標がある。そして中国共産党には「過ちを犯さない」というメンツがあった。そのようなメンツ自体が大変な過ちであることは、毛沢東の失政が十分に示していることなのだが。そのためには一般庶民の生命、生活の犠牲も厭わないという考え方が本音としてあるかのように見える。

しかも「恐怖政治」の故にか、一般庶民自身がこうした現状に関心を示さないか、それを理解していても無関心を装うことが普通になってしまっている。自分の生活や経済活動がなんとか保証されている限り、「見ざる、言わざる、聞かざる」で、政治には決して口を出さない、「政治は禁区」ということが広く行き渡ってしまった。このような姿勢はある意味で長い歴史の中ではぐくまれた政治文化の一端とも言えよう。私が北京に滞在していた１９８６年初頭から88年の春の時期（天安門事件直前）は、今ではとても信じられないほど一般の庶民も知識人もかなり自由に自分たちの考えを主張し、限られた範囲ではあるが、我々外国人とも率直な意見交換ができるようになっていた。

現在、政府当局は「内政不干渉」を盾にして、海外からの声に一切耳を傾けようとしない。しかも最近の中国では、民主主義そのものを否定的に見る風潮が広まっているように見える。民主主義はしばしば社会秩序を不安定化させ、あるいは議論ばかりが優先され政策の迅速な決定が困難になることもある。それに比べて権威主義的な独裁は、社会の安定と迅速な政策決定を保証する。あるいは、民主主義は西側的な価値観に基づく人権論や議会主義を絶対的なものと考えているが、そうした民主主義の主張の下で、かつてはアジアやアフリカへの帝国主義的な侵略・支配が行われていたのが過去の歴史であった、など。

私はこれらの主張が全く間違っているなどというつもりはない。民主主義には長所もあり、欠点もある。同様に権威主義あるいは集権主義にも欠点はあるが長所もある。民主か独裁かの議論は、西欧的か中国的か、欧米的価値か東洋的価値か、といった二者択一的な見方で議論されるべきではない。また中国は我々と価値観が違う、と言って最初から中国の政治を異質なものとして排除してしまうべきでもない。そこで、少しばかり民主主義の欠点をめぐる議論をしてみよう。

民主主義の欠点は、民主主義の本尊とも言える西欧世界においてすでに指摘されていた。まずギリシャ時代のプラトンは、民主主義が「衆愚政治に陥る危険性がある」としてイデア（善）を知覚する哲人王の統治を推奨するようになった。あるいは17世紀の著名な政治学者ホッブズは、「リヴァイアサン」の中で、人間の自然状態を「万人の万人に対する闘争」と考え、それを克服するために社会は国家と契約を結び国家に主権を委譲し、代わりに社会秩序を実現してもらうという説を唱えた。いずれも絶対的な指導者の統治を積極的に推奨している考え方である。

プラトンの哲人政治論は儒教の聖人君子による統治の考え方と類似している。しかし社会秩序のあり方として、儒教では家長を中心とする家族、君主と家臣といった「関係」を軸とする権威的なヒエラルキーを基本とした秩序観であった。プラトンの哲人政治論では、道徳・教育に基づく統治が基本であった。この点では儒教の「修養」論と共通している。しかしその後イデアを体現できる理想的な哲人の出現は不可能だとさとったプラトンは、正しい法規範に準拠して当事者の恣意的行動を制限し統治を行う「法治」の重要性を説くようになる。

あるいは国家という怪物＝リヴァイアサンに主権（自然権）を委譲して、秩序を保証してもらうというホッブズの主張は、あくまで理念的には民衆と国家の間で結ばれる「社会契約」を通してであり、このような社会契約の概念は中国には存在していなかった。いずれにせよ、民主か独裁かという議論は東西どちらにおいても昔から存在しており、単純に優劣を付けられるものではない。何がグッドガバナンスか、どのような方法が迅速に最大多数の意見を反映したより合理的な意思決定ができるのか、今日、人類はなお結論が出せていない論争点である。

西欧的思考との対決に踏み出す習近平

これまで述べてきたように、近代化を目指す中国の歴史において、西洋思想とりわけ民主主義思想の受容は、開明的な知識人の間では極めて積極的に取り組まれるべき課題であった。五四《ごし》文化運動しかり、建国直後の新民主主義共和国建設の時期、文化大革命終了後の「北京の春」と呼ばれた時期、さらには天安門事件直前のテレビドキュメント「河殤《かしょう》論争」しかりである。21世紀に入り、胡錦濤・温家宝の時代の時期には、後述するように「市民社会」が芽生え始めていた。まさに民主主義の希求とも言うべき発言や行動が顕著に見られるようになっていたのである。しかし、権力当局もまたしたたかである。胡錦濤時代にすでにインターネットの急速な広がりに対して、当局は徐々に警戒感を強めていた。例えば2007年1月に開かれた党中央政治局会議において、胡錦濤は「ネット世論の主導権を掌握し、ネット誘導のレベルを高め、…積極的に政府にとって建設的な主流世論を形成せよ」と呼びかけていた（新華社電2007年1月23日）。

しかし、そうした言論の自由化の流れに、それ以上の剛腕で立ちはだかったのが習近平であった。もともと中国では憲法により言論の自由が保証されてはいるが、実際には報道機関は共産党の宣伝機関と位置づけられており、党による厳しい監督下にある。私に言わせれば、強いコントロールを前提にするならば、憲法における「言論・表現の自由」規定など、削除してしまった方がスッキリするのだが。

「市民社会」が芽生え始めてきた中で、南方日報系メディア集団が発行する夕刊紙『南方週末』は、官僚の汚職や社会の不正などについての独自取材を行って都市部の若年層を中心に人気があり、中国国内で最も影響力のある新聞の一つとされていた。その『南方週末』が２０１３年１月３日付の新年号で「中国の夢、憲政の夢」と題する社説の出稿を予定し、編集作業を進めていた。内容としても憲政、民主、自由、平等を重視するトーンであった。前年11月に党総書記になった習近平が就任記者会見で繰り返し力説した「中国の夢」に事実上対抗したメッセージ、そこには政治の民主化や言論の自由、人権向上を求める原稿が掲載され、さらには同じ時期に「尖閣諸島国有化」に踏み切った日本政府非難のデモに対し理性的な行動を求める主張なども見られた。

当局による記事の検閲も終えて、印刷直前の段階であった。２０１３年1月1日夕方、突如広東省党委員会宣伝部が同記事の印刷を差し止め、党を賛美する原稿に差し替えを命じ、1月２日に宣伝部の要求に従って変更された紙面を発表した。これに対し多くのメディア関係者が当局による報道統制への不満を爆発させた。編集部は記事の差し替えを不当として、元記者や編集者など約50人が連名で共産党規約に基づき宣伝部のトップの謝罪と辞任を要求する声明を発表し、強い抗議の姿勢を示した。その後、『南方週末』の記者など約１００人が共同声明を発表し、党宣伝部に対する抗議の意志を表明、一部の記者がストライキに突入した。

さらにインターネットを中心に『南方週末』への支持が広がり、共産党のメディアに対する干渉への反発が強まった。一部の地域においては「報道の自由」「言論の自由」を求める小規模デモさえ行われた。北京の比較的リベラルな新聞『新京報』では、政府系新聞『環球時報』による『南方週末事件批判』の社説の転載を求められたことに同紙の記者が反発した。さらにインターネットを中心に『南方週末』への支持が広がったことで、共産党のメディアに対する干渉への反発が強まった。こういった状況が、つまり下からのいろいろな異議申し立てが政治や社会を変えていくような現象が、非常に目立つようになってきた。それと胡錦涛政権時代の雰囲気が残っており、その考え方がちょうどフィットしてハーモニーをとって、もしかしたら中国なりに民主化が進むのかといった雰囲気が生まれていたのである。

しかしながら党中央は強気の姿勢を崩さず、『南方週末』の自由を求める戦いは抵抗も虚しく厳しく圧殺されていった。そしてこの事件以降、劉雲山《りゅううんざん》政治局常務委員（思想宣伝担当）の下で、思想的引き締めとソーシャルメディアに対するコントロールが一段と強化されたのである。2013年5月11日の香港『明報』紙によると、党中央は内部通達として「七不講」（議論してはいけない七つのこと）と呼ばれる指示を全国の大学に向けて発した（136～137頁で詳述）。その七つとは、「普遍的価値」「報道の自由」「市民社会」「市民の権利」「党の歴史の誤り」「特権貴族的資産階級」「司法の独立」であった。ある大学関係者は「これほど直接的かつ具体的に教師の授業内容に干渉するのは、改革開放期に入って初めて。報道の自由や市民の権利すら話できないとなれば、それでも大学と言えるだろうか」と深刻に憂慮していた。

その後、中国では2015年7月に入り人権派弁護士が一斉に拘束される事件が発生した。

360人を超える弁護士と活動家が尋問を受け、40人前後が中国からの出国を止められ、さらに40人あまりが理由を明らかにされないまま拘束された（709弾圧事件）。2017年7月には、2008年のノーベル平和賞の受賞者であり、その後逮捕され獄中生活を強いられていた劉暁《りゅうぎょう》波《は》が、海外での医療処置を切望したが聞き入れられず、獄中で亡くなった。このように、自由、民主を求める活動は極めて厳しい状況に置かれることとなった。それはチベット族、ウイグル族という少数民族に向けた「愛国主義教育」の徹底化や、香港の自由民主を求める人々の声に対して「香港国家安全法」の制定で応える強い姿勢などに見られた。その後も習近平の思想統制を強める姿勢は揺るがない。これら一連の当局の動きは、民主主義的な価値、およびそれらを尊重する社会に対する露骨な反撃とも言えるものであった。

そして2021年8月、習近平は思想の宣伝に関する会議で、「イデオロギー工作」を経済建設と並ぶ「党の極めて重要な任務」と位置付け、社会主義の価値観をさらに浸透させるよう呼び掛けた。共産党は近年、市場経済の進展に伴い、幅広い層から支持を取り込むため、古典的な社会主義イデオロギーと決別し、私営企業家の入党を解禁するなど脱イデオロギー化を進めてきた。その結果、社会主義イデオロギーは希薄化していった。習指導部はこれによって一党独裁が否定され、「西側の価値観」のさらなる台頭を許しかねないとの危機感を抱き、党のイデオロギー色を強め、思想統制を徹底する方向にかじを切ったとみられる。

これと歩調を合わせ、北京市党の機関紙『北京日報』は9月、「普遍的価値」「報道の自由」などは「党の指導や社会主義制度を攻撃するものだ」とする社説を掲載し、西側の価値観が氾濫するインターネット空間を「昨今のイデオロギー闘争の主戦場」と位置付け、「この戦場で勝利できるかどうかは、わが国のイデオロギーと政権の安定性に関わる問題だ」と主張した。北京の中国紙記者は「思想や言論状況は半世紀近く後退した」と嘆いた（共同通信）。

この根底にあるのが普遍的価値論争であった。近代化の扉を開いてから常に付きまとってきた中国の伝統思想と西欧思想との確執である。この問題の歴史的経緯はすでに触れているが、近年では特に２００８年の四川大地震で政府が人命最優先を掲げたことをきっかけに、人道主義や基本的人権、民主主義を「普遍的価値」として中国でも受け入れるべきかどうかという論争が起きた。胡錦濤前指導部では温家宝前首相が普遍的価値を認めるような踏み込んだ発言を繰り返し、改革派の期待が高まった。しかし中国共産党の政治理論誌「求是」が普遍的価値を明確に否定するなど西側の価値観を警戒する声も根強く、論争は続いている。

しかし筆者は、価値論的には、人類の歴史を振り返ってみても民主主義が他の主張よりも勝っていると考える。古き時代から奴隷、農奴、小作人など人間でありながら人間らしい生活ができなかった人々を解放してきた人類の歴史は、まさに民主主義の発展の歴史であった。マルクス自身が考えた「自由の王国」は、ブルジョア民主主義の限界を止揚し、より完全な民主主義を実現する共産主義社会だと主張をしたのである。習近平の時代を除いて、民主主義を重視する点では中国のエリート達も決して否定はしていない、どころか、積極的である。２００４改正された中華人民共和国憲法では、「国は人権を尊重し、保証する」（33条）と明記した。兪《ゆ》可《か》平《へい》の「民主は良いものである」との論文（「中国青年日報」）、温家宝元総理の「民主は普遍的概念である」といった主張は、今でこそ堂々とは語られなくなったが、わずか10年前には中国の知識人ではかなり共有された考え方であった。ただし先述した新儒家の主張のように、儒士と民を区別し統治に関わる全ての権限を儒士共同体が有するという恣意的な議論も、共産党体制においては無視できないものである。

コロナパンデミックの混乱に端を発して議論される「優れた統治とは何か――民主と独裁」を巡るテーマは、感情的にではなく冷静に、そして少なくとも二者択一的に単純化されることなく議論されるべきだろう。

第二章　政治文化から考える中国の権威主義

はじめに　中国的権威主義

権威とは、ある点ないしはある領域で他者より優れている、あるいは上位にあることを他者が了解し、敬意を持って積極的に受け入れている状態を示す。地位とか名声とか知識などの優越性、迫力（存在感）などが原因となることが多い。発した言葉や命令がその内容を吟味することなく常に他者に受容される状態を指し、それを発した人は権威を持つ、あるいは権威のある人と言う。権威は強制力によるものではなく、服従する人の自発的な同意、共感（しばしば敬意、畏敬の念を伴う）によるものであり、この点が権力とは異なる、と言われる。このような意味では日本を含め西側諸国でも中国と大差はない。

さらに、権威主義とは権威に服従する、もしくはさせるという個人や社会組織のビヘイビア、思想、体制であり、権威主義的統治もしくは体制は、選挙などの合理的な手続きによらず、非理性的な感情、心情に訴え、指導者を選び支持する。そして中国社会を見てみると、権威が当事者等の関係のあり方に極めて重要な意味をもたらし、作用しているのである。例えば親と子、教師と生徒、幹部と一般大衆などにおいて、前者は権威によって後者を服従させることがしばしば起こる。

権威とは本来は相手側の自発的な意識から自然と生まれてくるものと上述したが、現実には物質的な打算とか、暴力を背景とした圧力によって押し付けられる場合もしばしば見られる。一般的にはこうした行動を権威主義的であると表現する。権威主義体制では選挙による指導者、執政政党の交代などは存在しない。その意味で「非民主的」統治体制である。もちろん、権力もしくは政治体制は暴力装置によって維持されている側面があることは否定できない。

欧米の権威主義体制を政治理論から説明しようとするならば、伝統的にせよ近代的にせよ、まず住民参加が否定された全体（専制）主義体制が見られ、それが経済の発展、住民参加の拡大などによって徐々に民主主義体制への移行が進んで行く。その移行期（過渡期）における政治体制の一形態として権威主義体制が想定されている。いわば全体主義体制とも民主主義体制とも言えない「グレーゾーン」とでも言うべき非民主主義政治体制である。全体主義体制と権威主義体制、さらには民主主義体制の研究をしたホアン・リンスは、１９６４年、権威主義を体制概念として捉え、その特徴を以下の５点のように要約している。

①政策決定に参加する人が制限され、政策決定過程は閉鎖的である。
②政策決定過程の手続きにおいて責任の所在が不分明な多元主義を持っている。
③イデオロギー的には全体主義体制のような形相だった練り上げられた政治指導的イデオロギーを持っていない。
④国家の規定方針を国民が従順に受け入れることを求め、内容的にも広がりの面でも高度な政治動員を取らない。
⑤指導者もしくは指導者集団の権力行使は、形式的には無制限だが、実際には完全に予測可能な範囲内で行われる。

筆者はかつて、これらの5つの特徴と、毛沢東時代から鄧小平時代、そしてポスト鄧小平時代へと続く中国の政治体制の特徴を考え合わせ、毛沢東時代を前近代的全体主義体制、ポスト鄧小平時代を民主主義体制に接近する体制として捉え、その中間にある鄧小平時代を中国の典型的な権威主義体制として理解した（『現代中国』東京大学出版会、１９９８）。天安門事件直前の政治改革論議の中で、王滬寧《おうこねい》らによって提起された「新権威主義体制」という考え方も、経済発展を推進するために集権的で開放的な開発独裁＝新権威主義体制こそが求められているという主張であった。政治体制の内容はリンツの指摘とほぼ同じで、このような権威主義体制を経て、やがて民主主義体制に向かうことができるという考え方も王滬寧たちにはあった。もっとも習近平が権力の座につき、その後欧米型の民主主義の評価が低くなっていく中で、王滬寧がどのような立場を取っているのかは定かでない。

第二期習近平政権も終わりに近づいた2021年の時点から当時を振り返ってみると、確かに鄧小平から江沢民の時代にかけてハードな共産党体制が維持されつつ、経済は飛躍的に発展していった。それを踏まえて胡錦濤時代の10年は、様々な分野で市民・青年の活発な活動が目立つようになり、SNSをはじめ社会の情報化、国際化が急速に進み、「擬似市民社会」といったような情景が作られるようになってきた。このような経緯を踏まえれば、権威主義体制から民主主義体制への漸進的移行とも言える現象が顕著になっていたのである。

そうした状況とその重要性を鋭敏に感じ取った政治学者・兪可平《ゆかへい》（当時中央編訳局副局長、現在北京大学政府管理学院院長・教授）は、①党内民主主義が社会の民主主義を先導、②基層レベルから高次のレベルへの民主主義の発展、③少数の競争から多数の競争への発展によって、中国の民主主義は着実に進むだろうとまで指摘していた（邦訳『中国は民主主義に向かう』かもがわ出版、6頁）。筆者自身も兪可平のこのような考え方に賛同していた。

しかし周知のように、2012年11月、習近平が胡錦濤に代わって党総書記に就任して以来、比較的自由な報道をしていた新聞や雑誌が徹底して弾圧を受け、様々な社会問題に積極的に取り組んでいた非政府団体や活動家たちが次々と逮捕・勾留され、活動の自由が剥奪されていった。そして今日、権力・権威はますます習近平個人に集中され、他のリーダー達も習近平の意向に逆らうことが困難になった。普通の人々においても、ウイグル、香港に見られるように「党への忠誠」が強要され、選択の自由はますます狭められるようになっていった。

明らかに前の時代と政治状況が異なるのであるが、こうした習近平の時代は、彼個人のパーソナリティによる一時的な現象で、彼が退陣した後は遅かれ早かれ、前のような時代に戻って行くのであろうか？　それともこの時代は中国史の新たな一ページを切り開き、これまでの世界史に見られなかった独創的な時代となっていくのであろうか。この点に関して筆者は未だに結論的な見方を持つことができない。しかし、習近平の登場自体を含め、経済が大いに発展し、中間層が台頭し、市民の活発な社会活動が見られるようになってきたにも関わらず、現在の権威主義的独裁体制が形成された。これを理論的に考察していく意義は十分にある。

ちなみに政治学者・豊永郁子早稲田大学教授は、「習近平体制の本質――全体主義に回帰する中国」を『朝日新聞』２０２１年8月19日に寄稿し、習は「たちまち全体主義を復活させ得た」と指摘している。しかし「上からの被せ物として」全体主義的であることは否定しないが、鄧小平時代から江沢民、胡錦濤に至るほぼ30年間が創り出した経済・社会・文化まで根こそぎ全体主義化したとは考えられない。その意味で筆者は習近平時代をなおハードな権威主義体制とみなしておく。その場合、政治文化論の視点を導入し、経済が発展したこの時代に中国において権威主義独裁が形成された政治文化的特徴を明らかにしていく必要があると考える。

中国政治文化の三元観

中国は多民族の国家であり、漢民族自体もそれぞれの地方において顔形、食事、風俗慣習、言語などが多様であり、また異民族との混血を重ねており、文化を一元的にとらえること自体が困難であろう。ただここでは多様な民族の持つ固有の文化の糸を辿って、それをつむぎ合わせ政治文化の特徴を描こうとしているわけではない。ここでは統治者（指導者、士大夫《したいふ》）と被統治者（民衆、老百姓）の思考の仕方やビヘイビア、価値観などであまりにも重大な差異が見られることを問題にし、それらを二元性として捉えようと考えた。もちろんこうした二元性をつつみ込むような共通した政治文化が存在していることも前提として理解しておきたい。

伝統的な治者の政治文化を代表するものは、やはり儒教の思想である。他方で非統治者の政治文化に近いと言えるものは老荘の思想であろう。さらに二元性を包み込むような文化として「大《だい》一統《いっとう》」と「包《パオ》」の思想を挙げておきたい。「大一統」は中国型の専制主義と老百姓（民衆）の平均主義の絶妙なハーモニーと、統合によって生まれた成果物である（大一統の思想は孫隆基『中国文化的「深層結構」』、包の思想は柏祐賢『経済秩序個性論ⅠⅡⅢ——中国経済の研究』）。

儒教の支配に関する最も象徴的な表現をあげろと言われれば、孟子《もうし》の「籐文公章句上」巻5の下に見られる「大人の事あり。小人の事あり。…あるいは心を労し、あるいは力を労す。心を労すものは人を治め、力を労すものは人に治められる。人に治められるものは人を食《やしな》い、人を治めるものは人に食わる」という表現であろう。日々天下のことを考えて生きている人間は人を治めることができ、日々肉体労働をしてその日その日を生きている人間は人に治められる。士大夫〈幹部〉と一般庶民の生き方が対照的であることを指摘した上で、その結果として〈支配―従属〉の関係ができたと語っている。この点に関して、山田勝芳も、「官吏と庶民という二つの階層が絶えず再生産されてきたのは、理念的には士＝労心、庶＝労力という儒教理念の影響が大であった。…中国では知識に立脚することで支配者たり得たのは官僚層・知識人であり、知識による名望は官になることによって生ずるが、その家が「知識人」を失った時に失われた」と指摘している（217頁）。

ここでさらに興味深いのは、このように為政者と老百姓を明確に区別した孟子が、西側の民主主義に最も近いと言われる、「民本主義」を唱えた人であったということである。しかし第一章で紹介したように民本主義は〈支配―服従〉といった二元的な政治関係を前提とした思想であるということである。これに対して、庶民ののぞましい世界を描いた古典は、老子の以下の表現である。

〝出典：「老子」（老子道徳経）独立第八十〟

小国寡民。什伯《じゅうはく》の器有れども用ゐざらしむ。民をして死を重んじんで遠く徙《うつ》らざらしめば、舟輿《しゅうよ》有りと雖《いへど》も、之に乗る所無く、甲兵有りと雖も、之を陳《つら》ぬる所無し。民をして復た縄を結びて之を用ゐ、其の食を甘《うま》しとし、其の服を美とし、其の居に安んじ、其の俗を楽しましめば、隣国相望み、鶏犬の声相聞こゆるも、民老死に至るまで、相往来せざらん。

［小さい国で国民は少ない。（そこでは）便利な道具があっても（国民には）使わせない。国民に命を大切にさせ、遠くに移住させないようにするのであれば、たとえ小舟や車があったとしても、これに乗ることはなく、たとえ鎧と武器があったとしても、これを並べることはない。（並べて戦争をすることはない。）

国民に、縄を結んでそれを約束の印として用い（た古代のような生活をさせ）、食事をおいしいと思い、着ている服を美しいと思い、住居に満足し、自分たちの生活の習慣を楽しいませるようにすれば、近隣の国がすぐ見える所にあって、鶏や犬の鳴き声が聞こえる距離にあったとしても、国民は老いて死ぬまで、互いの国を行き来するようなことはない。］

もう一例、十八史略『鼓腹撃壌《こふくげきじょう》』に見られるある老人が、太平の世に満足している状態を歌ったと言われる。

日出而作、日入而息。鑿井而飲、耕田而食。帝力于我何有哉
（日出でて働き、日入りて憩う。井《せい》を鑿《うが》ちて飲み、田を耕して食らふ。帝力何ぞ我に有らんや）

以上は、ある面で理念的な庶民の営みを語ったものであるが、現実世界において権力者との関係を見た場合、次のような帝国の統治と村落の自治の共存の状況は重要なイメージを与えてくれる。「中国の村落は、一個の自治的単位である。村落は名義上、官吏の體統《たいとう》組織を通じて中央政府の支配下に置かれているが、事実上では名目的地租の納付及び他の若干の場合を除いて、中央政府から全く独立した地位を占めており、あたかも英国の自治植民地が帝国政府から独立しているのに似ている」（清水盛光『支那社会の研究』岩波書店、102頁）。

あるいは『官場現形記《かんじょうげんけいき》』を基に、橘樸《たちばなしらき》は民衆と官の関係を次のように表現している。「民衆が官吏に対してかくのごとく消極的態度を守り、それが長い間の習慣となると、この習慣はいつのまにか制度化して、農村にあっては父長的自治制度となり、都市にあっては商人及び労働者のギルドとなった。…同時に民衆各員の生活態度に影響を及ぼして、政治は生活と没交渉なものであり、…したがって我々は出来得る限り政治に接触することを避け、それから受ける損害を最小限度に局限せねばならぬ」（橘、438頁）。ちなみに前章で論じた、民衆・知識人にとって「政治は禁区」という考えが浸透していることは、共産党の統治技術のみならず、このような伝統的な民衆の政治観とも関係しているのではないか。

このように政治と民衆との接触面が驚くほどに狭隘《きょうあい》であったということは、反面において、村落共同体がいかにして中国で可能であったかという疑問をとく糸口を与えてくれる。すなわち専制政治の下で、村落自治やギルドの自治が異常な発達を遂げたことは、一見大いなる矛盾のごとくに感ぜられるが、元来、国家の機能と民衆生活の自治とは互いに反比例関係にあるものである。国家の機能が中国に見られるような極端なる単純性と偏奇性とを示す場合には、民衆の活動領域はこれと逆に、…従来の生活内容をそのまま持続せしめるのである。…極端な専制主義はこの意味で、民衆自治を可能ならしめる消極的条件、あるいは積極的条件となる（清水盛光『支那社会の研究』）。専制主義を支える士大夫・幹部と村落自治の担い手である老百姓・民衆との二元性は、このようにして形成・共存していったと解釈できよう。

孟子の「治者・被治者二元」の見方も、老子の「小国寡民」の考え方も、ある意味では人間社会の典型的な特徴を描き出したものである。現実の人間社会では、治者と被治者が見事に分離した状態も、相互に往来もなく干渉もし合わない状況も、実際にはありえない。そこには様々なベクトルと要因が作用し、混沌とした現実が存在していた。それらをいかにして安定した状態にしていくのか。世界史を紐解いてみるならば、ローマ帝国、ムガール帝国から、アメリカ合衆国、ソビエト連邦共和国に至るまで、表現こそ様々ではあるが、基本的には適度に統治範囲を分割した「連邦制」が敷かれるようになっていた。情報・輸送の伝達手段が近代化していなかった時期の統治の規模性を考えてみるならば、ある意味では合理的なやり方ともいえるものであった。

中国も領土の規模、民族の多様性から言えば、連邦制が敷かれても不思議ではない。共産党の創立から人民共和国の建国に至るまでは、中国共産党自身もソビエト共産党の強い影響力のもとで、中華連邦共和国を目指していたのであった。しかし中華人民共和国は建国と同時に連邦制を放棄した。そこには中国の政治文化が大きく絡んでくる。

ここでの政治文化のキーワードは「大一統」である（「大一統」に関しては次章で詳述する）。儒教の経典の一つ『春秋公羊伝《しゅんじゅうくようでん》』の言葉で、「一つに統べることを尊ぶ」ということを意味した。言うまでもないが「大一統」はきわめて広範な領域で多様性に富んだ文化、人種、経済、社会慣習などを含み込んでいる状況の中で、強調されるようになった表現である。したがって、この考え方には多様性を生かし、多様性を包み込むようなまとまりの意味を持ち、中央集権的な、「緩やかな」専制体制のもとで政治安定が実現できるというのが基本的な考え方であった。

しかし今日では、「大一統」のもとで「漢化」をすすめ、民族統一、文化統一、領土統一を目指すことを意味するようになってきた。「大一統」を具体的にスローガンとしたものが「中華民族の偉大な復興」だというのが私の解釈であるが、「愛国主義」キャンペーンであると言えるかもしれない。ちなみにノーベル平和賞受賞者の反体制知識人・劉暁波は、「大一統」と民主化は両立できず、台湾、香港、チベットなどは「大一統」の下では隷属を意味するので、独立させるべきと主張していた。

現実には「一つに統《す》べる」状態は至難であり、各地域、各部署では、中国的知恵とも言うべき「包」という概念が重要な機能を果たしたと考える。加藤弘之は、柏祐賢《かしわすけかた》が中国の経済社会的秩序の安定と、独自の「自由」秩序が再生産されるメカニズムの基礎として「包」の倫理規範を見出したと指摘し、「包」の意味をより掘り下げて分析している。加藤弘之の解説によって柏祐賢の「包」の倫理規律を見ておくならば以下のようになる。「対自然的関係においても、対人的関係においても、中国の経済社会は不確実性に満ちている。そうした中で、人と人との間の取引的営みの不確実性を、第3の人をその間に入れて請け負わしめ、確定化しようとする」のが「包」である。「中国社会において、あらゆる営みが『包』的律動――しかも重層的に――持っている。…中国では官僚組織それ自体が「包」的な請負人の性格を持っており、官僚は私人である。それは「天子と民との間に入って、その間の取引関係に『包』的に機能する第三者たる私人である」(加藤74頁)。

包承負責制という考え方は、家庭請負生産責任制、工場長請負責任制など様々な領域において使われてきた考え方である。ざっくりとまとめて請け負って責任を持って処理するというのが基本的な考えである。1980年代、90年代の改革開放期に省長請負責任制とか、市長請負責任制、部長請負責任制といった仕組みがよく見られた。「包」の発想によって統治もしくは管理の規模が適度に調整され、その枠内でこのようなトップによる責任制が取られるという、ある種の合理性が見られたのである。現在のプラットホーム(平台)という概念も、ある意味で「包」の発想から来るものではないだろうか。

中国の政治文化と権威主義体制の関係性

次に、以下の点を明らかにしておかなければならない。すなわち「治者と被治者の二元観」「小国寡民の庶民観」そして「大一統と包の発想」を合わせ見て、これが、①政治文化としてどのような特徴を持つと言えるのか、②それが中国型の権威主義体制をどのように支えているのかという点である。権威的な政治文化が機能し続けるには権威的な政治機構、とりわけ伝統的な官僚機構の存在を忘れてはならない。

まず①から見ていくことにする。日本人と中国人を「似て非なる存在」とみなした著名な作家陳舜臣《ちんしゅんしん》の以下の言葉は、中国の政治文化における儒教の意味を考える上で、極めて示唆に富んだものである。「中国にあっては、儒教は生活でもあったのです。生活の規範どころか、生活そのものと言って良いでしょう」との指摘である（『日本人と中国人』29頁）。その儒教の下では、君臣関係、家父長制、長老・若輩関係など人間社会において、重層的なハイアラーキーな関係が形成されていたのである。特に権威主義的な関係は治者・為政者の世界において求められた。

他方で、一般庶民の世界では多かれ少なかれ、伝統的な小国寡民の思想が今も生きている光景がよく見られた。特に一般庶民は、政治に触れることを望まず、社会が混乱せず安定的であって——この点で、伝統的な村落で形成された共同体意識であり、それは大きな枠組みとしての「大一統」の発想と重複している——衣食住と日常の楽しみが保証されれば、それで良しとする生き方であった。

1980年代後半の政治体制改革が盛んに議論された時期においてさえ、「政治は禁区」という言葉が広く囁かれ続けた。私の北京滞在時代には、「胡耀邦《こようほう》総書記の失脚」という大事件があったが、私と関わりを持った多くの知識人は、その少し前までは極めて積極的に政治改革の構想に関して自らの意見を披露してくれていた。が、政治の風向きは厳しくなると感じられた途端、次々と口を閉ざしてしまった。「胡耀邦はどうなるのか？ 政治改革は今後も続くのか？」といった問いに対して、彼らの答えはいずれも「難説」（言い難し）であった。そして最後には「あなたはスパイと見られている。もうこちらには来ないでくれ」とまで言われたことがある。

天安門事件で人民解放軍が制圧を完了した6月4日の朝、血を流し生死の知れない路上に倒れている若者のそばで、いつものように鳥かごを持っておしゃべりをしながら散歩している複数の庶民の光景がテレビに映し出されていた。まさに「政治には関係ない」というかのような昔ながらの庶民の姿であった。

ここで気が付くのは、治者と被治者、あるいは政治エリートと一般庶民との間で、政治をめぐる価値とか、主張とか、動向に関して見事に「棲み分け」を行っていたということである。それが今なお続いているということも驚きであった。貧民が暴動を起こすことはままあったが、普通は飢えの問題が解決すれば暴動は収束する。貧民の暴動が政治化する場合は、他のいくつかの重要なファクター、例えば指導者及びその取り巻きの政治的理想もしくは野心、秘密結社などの存在を考える必要があるだろう。1931年7～11月に中華民国統治下で起こった連続的な大洪水は、黄河、長江、淮河《わいが》などに及び、推定死者は14万人から400万人と幅広く、20世紀最悪の自然災害と言われた。さらに遡った1887年9月にも黄河で大洪水が発生し、氾濫は5万平方キロメートルにも及び、死者は200万近くとも言われるほどであった。当然にも多数の餓死者、ホームレスを輩出したが、大規模な民衆反乱が起こったとの記録はない。

近年、気鋭の中国研究者、梶谷懐《かじたにかい》と、チャイナウォッチャーである高口康太の共著『幸福な監視国家・中国』（NHK出版新書）が出版された。これによれば、デジタル、ハイテク技術によって圧倒的多数の人々の膨大な情報を管理することが可能となり、「統治の規模性」が飛躍的に拡大し、人々の行動を監視し反政府的な言動をチェックし、封じ込めることが大幅に可能となってきた。が、それでも一般の人々はそのような監視を通して社会の秩序が維持され、自分たちの非政治的な活動を保証してくれるということで満足度を高めているといった指摘であった。まさに現代版「小国寡民」の思想であり、共産党政権を治者と見て、自らは別世界に存在しているという二元的政治社会観の反映と見ることができよう。

権威主義体制を補強する官僚制

そこで次に、このような政治文化を支える実態としての統治機構、すなわち巨大な伝統的な官僚機構について見ておこう。

現代の中国の官僚政治との関連性を重視する山田勝芳は、「伝統的形態を復活させたり、変質させたりしている面が強い。かくして伝統的官僚性を追求する必要が生じる」と指摘し、その特徴を以下の3点に見ている。①時間的に極めて長い「持続性」、②倫理・宗教・法律・財産・芸術などあらゆる面に及んでいる「包容性」、③人生観・思想など極めて深部にまで影響が及んでいる「貫徹性」である（山田勝芳「中国の官僚制」225頁）。確かにこのように官僚制の特徴を見ておくならば、まさに社会そのものを包括し圧倒的な存在性をもった機構であることを理解することができよう。

確かに現在の行政機関の名称が、伝統的な六部の呼び名に類似していること――例えば外交部、国防部、教育部、公安部、財政部など――、あるいはかつて地方の役人を監視するために不定期に各地を視察していた巡察使にも匹敵する中央巡視工作組が、党中央規律検査委員会のもとに置かれて地方幹部の腐敗取り締まりに重要な役割を果たしていたことなど、伝統的な官僚制との類似性が想起される。官僚制研究の世界的権威者であるM・ウェーバーは、中国官僚制について前近代官僚制としては高度に発達していたという認識を示していたが、同時に「合理化」というヨーロッパ文明を支える精神を欠き、あくまでも職業人たることを拒否し続けてきた異質なものと認識した（山田勝芳 226頁）。

伝統的官僚制を具体的に見ていくならば、エチアヌ・バラーシュは、文人官僚は数の上で小数であるが、全ての権力を掌握し最大面積の土地を有し教育を独占した。教育を独占することによってそれ自身を再生産する特権を得た、と指摘している（バラーシュによる中国官僚制の特徴は105頁参照）。まさに官僚という専門家は生まれてくるのではなく、「科挙制」と呼ばれる厳しい過酷な官吏登用試験、さらにはその後の教育を通して作り出される統治の専門家であった。

官吏任用制度としては、「科挙制」が採用される以前に、漢代の郷挙里選《きょうきょりせん》にかわって、魏王朝の文帝（曹丕《そうひ》）のときから九品中正《きゅうひんちゅうせい》（九品官人法ともいう）が始められた。郷挙里選は、地方長官が在野の有能な人物を官吏候補者として推薦する制度であったが、しだいに有力者である豪族の子弟が恣意的に推薦されることが多くなり、権力の乱用と腐敗が目立つようになった。こうした弊害をのぞく目的で採用されたのが九品中正で、地方に中央政府から任命された中正官をおき、郷里の評判によって人物を九品（9等級）に分けて推薦した。これを郷品《きょうひん》といい中央政府ではこの郷品にもとづいて、それにふさわしい等級（官品）の官職を与えた。その後、随の598年に上述した科挙制に替わり、清の末期1905年まで実に1400年近く長期にわたって続けられたのである。また九品に官僚を分ける制度は科挙制になっても受け継がれ続け、権威的な階層性の機構を作ることになった。

　中央の伝統的な官僚機構を部門別に見ると、六部と呼ばれる行政部門の統治組織があった。隋・唐以来、清に至るまで政府の行政実務を分担した官庁で、吏部・戸部・礼部・兵部・刑部・工部の六つで形作られ、全体を取り仕切るトップが宰相と呼ばれた。隋・唐に先立つ魏晋南北朝時代に中央行政執行機関であった尚書省には事務的な処理を行う五曹ないし六曹とよばれる分曹があったが、隋・唐以降は尚書省のもとに六部と呼ばれる部署が置かれた。唐の則天武后《そくてんぶこう》の執政時代の一時期、部名の変更があったが、その後は旧に復し、以後変更はなかった。元朝には尚書省にかわって中書省が行政執行機関となったため中書省に属した。明朝では洪武帝《こうぶてい》が1380年に中書省を廃止し、六部を皇帝（天子）に直属させて皇帝の独裁体制を実現した。明の永楽帝《えいらくてい》は内閣大学士をおいて事実上の宰相の復活となり、六部もその指揮下にはいった。清朝は支配者が満州族となったが、統治機構は従来の王朝を基本的には踏襲していた。吏部は官吏の選任、戸部は財政、礼部は祭儀・教育、兵部は軍事行政、刑部は司法、工部は土木事務を担当し、それぞれの長官を尚書とよんだ。

　官吏の等級は九品に分かれ、各品にはさらに上下の別があった。…官吏の特権、称号、位階は細かく法令の中に記されていた。高官のものは、孔雀の羽をつけたり、特別の称号を使ったりする資格を与えられることもあった。… 通信に際してはまず、上司に出すのか、同僚・部下に出すのかはっきり区別して、それぞれ別の形の文章を用いた（J・K・フェアバンク、市古宙三訳『中

中央　地方

皇帝
- （行政）六部　布政使　……　里甲制によって農民を統治
- （軍事）五軍都督府—都指揮使　……　衛所制によって軍戸を指揮
- （監察）都察院　—按察使

補佐　内閣（内閣大学士）

※六部：吏部(官吏の任免),戸部（戸口・租税),礼部(典儀・科挙・外務)
兵部（武官の任免・軍政）、刑部（司法）、工部（林野・建設）
六部それぞれが皇帝直属

五軍都督使：中軍、左軍、右軍、前軍、後軍の五軍にわけ皇帝に直属。
都察院：令制度の御史台にあたる監察機関。皇帝に直属、官吏を監視し重要刑事事件を裁判
内閣：永楽帝の時からの皇帝補佐、秘書役。複数の内閣大学士が置かれ、首席内閣大学士が事実上の宰相（首相）となった

図１　明王朝の統治構造：伝統的官僚制の完成

国上』118-119頁)。このように極めて権威的に相手との距離感を測り、権威的な手続きに則って物事が処理されるのが、官僚の行動様式であった。

現代の中国の官僚制を考える場合、ソ連社会主義官僚体制が与えた影響を無視することはできない。しかしこのような中国の伝統的な官僚制が作り上げた強力な浸透力も十分に考慮されねばならないのである。少し話は逸れるが、筆者が北京の日本大使館暮らしをしていた頃、中国人からよく職業的な地位や年齢を尋ねられたことがある。後で感じ取ったことだが、私との距離間を計り、相応した振る舞いをとろうとしていたのである。地方の政府に視察に行った時、一等書記官待遇の専門調査員であった私は、地方政府のどのレベルの役人（省レベルでいえば副秘書長クラス）までなら会えるかが決まっていたようである。あるいはまた自分より若い人（仮に王という人）に対しては「小王」と呼び、自分より年上の人には「老王」と呼ぶ。万事

かくのごとしである。

余談であるが、天安門事件の一時期、天安門広場を取り仕切っていた学生たちのグループの中で、いつのまにか中央委員会とか常務委員会といったようなヒエラルキーが形成され、ある種の権威主義的な枠組みと手続きが生まれていたと聞いたことがある。最も民主的なグループだと言われるような組織においてさえ、このような組織形態が生まれるということは中国自身の政治文化のなせる技かもしれない。

清末の政界の腐敗を暴き小説にした李宝嘉《りほうか》の『官場現形記《かんじょうげんけいき》』の冒頭の一文では「官の位は高く、官の名は尊く、官の権は大きく、官の威は重い。これは子供でもよく承知しているところであろう」と記している。橘樸《たちばなしらき》も「中国の官僚群は国家または民族なる全体社会の中にあって、一つの部分社会を構成している。と同時に一つの社会階級を構成し、しかも支配階級として国家ないし民族の最上層に位するものである」（『支那社会研究』日本評論社、1936年、四三〇頁）と表している。

E・バラーシュが上で述べているように、「官僚は人間を処理することの専門家」であり、長きにわたってそのための修養と専門的蓄積を試みねばならなかった。国共内戦に勝利した共産党政権が、旧来の国民党政権の行政体制をかなり踏襲していたことは、これまでも資料から明らかにされてきたことである。建国当初の接管工作（敵のものを接収・管理する仕事）に関する研究を行った小林弘二は、革命戦争後、国民党政府の職員などの多数が留用されたが、その理由として、都市解放に伴う破壊と混乱を最小限に食い止めること、技術と工作能力を有する幹部の極度の不足などを指摘していた。そして反動的統治を末端レベルで最も具現化した保甲《ほこう》制度においても、明確に罪があると判断された以外の者は留用し、社会秩序の維持にあたらせた（『中国革命と都市の解放』431頁）。行政機構及びその機能において、共産党体制への移行でさえこのように連続性を見ることができたのである。もちろん共産党は革命政権として前政権との違いを明確にしなければならない。その意味では、新しい名称など次々と「看板」は書き換えられた。しかし同時に、日常的な社会秩序と生産活動を早急に回復させなければならない。共産党の一党体制にとって、旧来の皇帝を頂点としたピラミッド型の官僚制はそれなりに好都合であったといえるかもしれない。

ここで今日の共産党体制において、少し気になる、重要だと思われる点について検討しておこう。中華人民共和国は国家体制を整え、共和国憲法を制定した1954年以来、「主権は人民にあり」「人民代表大会は最高権力機関である」と明記している。にもかかわらず我々は中国において、最高の権力機構は国家ではなく中国共産党であり、最高権力者は中国共産党総書記であることを知っている。しかも党総書記がどのように選ばれるのか、主権者たる人民がそれに関与できるのかどうか、全く不透明なまま、むしろ人民はこの過程では排除されたままである。

あるいは重要事項の決定においても同様である。建国直後から進めた新民主主義社会建設から社会主義への移行を決めた会議、大躍進政策への転換を決定した会議、文化大革命の決定を行った会議、改革開放路線への転換に踏みきった会議など、何れも国家・政府機関において正式な手続きのもとで行われたのではなく、党中央委員会、政治局会議、非公式な中央工作会議など党機関であった。「党が指導の核心」という表現が憲法で明確に記載されるようになったのは、建国後四半世紀を経た1975年の憲法修正のときであった。また江沢民以降は、党総書記は国家主席を兼任することが慣習化されたが、それ以前は党主席（総書記）が中国のナンバーワン指導者であり、国家主席は序列から言えば劉少奇の時はナンバー2であったが、それ以外の時はもっと低い序列の人が就き、軽い地位とみなされていた。

中国における公務員人事制度は、長年にわたって「党管幹部」（党が幹部を管理する）の原則に基づいて行われているため、依然として党が公務員の人事管理に絶対的な権限を持ち、公務員人事制度の「公平・平等・競争」の原則を実現することの妨げになっている。他の先進諸国の採用試験に比べて、採用される人員の少なさ、昇進における派閥や血縁などの人間関係による要因が多いため、公務員制度の公平性および真の平等が問題視されるようになってきた。趙紫陽が党総書記の1987年の第13回党代表大会では、公務員人事制度を健全化するために、公務員人事への党の関与は排除する、党と行政機関との調整分離が必要であるとの方針が正式に決定された。「党政分開」と言う。しかしこれに対して内部からの反発が強く、天安門事件が起こり趙紫陽が失脚した後、この方式は排除され、「党管幹部」方式は強まっている。

党と国家の関係を見る上でもう一つ指摘しておきたい。最重要視する国際会議の場合は党総書党兼国家主席が参列するが、少し重要度の低いと判断したサミット――それでも他国にとっては重要度は高い――においては国務院総理が国家を代表して参列している。他の国ではそれぞれの最高権力者が代表として参列する。しかし例えば日中韓３カ国首脳会議、あるいはＡＳＥＡＮ拡大首脳会議などでは、中国では通常国務院総理が参加する。中国において同様の会議をする場合も、国務院総理が会議を主催する。この場合、党総書記はどのように振る舞っているのか。それはあたかも首脳会議に参列する各国の指導者よりもう一段上のランクから、会議参加者を見下ろしているような姿である。伝統中国における、朝貢に訪れた各国の指導者達が、宰相との実務的な仕事を始める前か終えた後に謁見する皇帝（天子）であるかのような振る舞いである、との印象を持っているのは、筆者だけであろうか。

以上、政治文化との関係や官僚とその制度、権威主義体制について考えてきたが、中国における権威主義の背景とそれを支える社会構造は、欧米の場合とはかなり異なっていたということを確認しておく必要があるだろう。そして中国の政治体制は、長い歴史を通してみても一貫して権威主義体制であったといえるかもしれない。権威主義の問題は、ホアン・リンスが扱ったような過渡期的な政治体制ではないのである。中国独自の自律的な政治文化の影響力は、民主化の問題を考える上でも同様に重要な意味を持っているのである。

第三章　「国家」「民族」と「秩序」の見方

中国、中国人にとって国家とは何か

　一般に国家とは、国境の範囲内に住む人々＝国民の意思を代表し、公共の秩序や利益を追求し、その国の威信を高めることを追求するものである。これらの具体的な行動は、基本的には国民から取り立てた税金によって賄われるものであるだけに、立法機関においてそれぞれの政策の意図、規模、経費などが細かく検討され、そのプロセスと結果が公表され、責任を持って実行に移されることになる。また国民の意思を代表するということは、正統性に関わる問題である。

　中国ではどのような手続きにおいて国家の主要な指導者が選ばれ、重要な政策決定がなされ、あるいは国家の正統性が示されているのか、ほとんど明確ではない。こうした作業はほとんど、引退した指導者も含め、党の主要な指導者の密室での話し合いによって決められているようである。また中華人民共和国の歴史を振り返ってみて、しばしば国民の意思に反して大混乱が引き起こされたこともあるが、責任の所在が問われてそのリーダーが失脚したという事例はほとんど見られない。そしてこれらのことが歴史上問題となったということもほとんどない。問題となるような政策が責任の所在を不明確にしたまま、国家の名において決定され承認されている。改めて国家とは何かという問いが浮かんでくる。

中国にとっての国家とは、必ずしも国民を代表する概念とは言えず——そもそも「国民」という表現は中国ではほとんど使われていない——、ある面で民族の歴史を象徴するシンボル的な存在であり、同時にこのような存在を正統化する歴史、制度、領域などによって構成されている概念である。そこに住む人々は国家によって守られているとはいえ、必ずしも国家を構成する主体であるとは言えない、ということになってくる。そこに儒教的な国家観を見ることができる。

西順蔵によれば、「家・国・天下において人間はただ位としてのみ在り、関係的存在であるのもこのためであるが、それが社会関係に現れると天下に一人格のみあって他はその奴隷であるといわれるような一方的支配関係となる」(前掲書、34頁)。さらに西は次のようにも語る。「天下は天子・君を頂点とする統一であるが、その内容は民であって、民は物として受動的である。しかし既に民が天下の民として天子・君の権力下にある以上単純な自然であるはずはなく、受動的なものとしてそれは権力に規定されたものである」(9頁)。このような歴史的プロセスを経てきた中国の国家と民の関係を、ヨーロッパの場合と同じように考えること自体が不自然と言わざるを得ない。

渡部信雄・西村成雄編著でも「伝統中国の国家は、①膨大な官僚と軍隊を擁する制度国家であり、

②皇帝＝天子が広領域にまたがって数多くのエスニックグループを統治する複合的政治社会である。…中国伝統国家論の枠組みは、①専制国家論と②中華帝国論であった」と語り（『中国の国家体制をどうみるか――伝統と近代』汲古書院、5頁）、西欧社会の国家論との違いを指摘している。

そこでヨーロッパにおける国民国家形成のプロセスを整理しておくと、国家という用語は、古代ギリシャ以来用いられるようになったが、その概念は多義的であった。「政治共同体がはじめにあり、次いでそれに対応した支配機構が作られる」と考えられ、その支配機構、ないしはそれを構成する特定の政治集団を表す用語として用られてきたものである。プラトンは『国家』の中で、師であるソクラテスの言を借りながら、支配領域を統治し、そこに住む人々を守り、教育・養育を重視し、正義を実現しなければならないと説いている。国家に該当する言葉として代表的なものはStateである。政治思想家ニッコロ・マキャヴェッリは『君主論』で、それまでの政治思想の想定を近世ヨーロッパの現実に即して逆転させ、「まず支配機構たる国家（stato）があり、それが各々の力に応じて土地と人民を領有する」というモデルを提示した。政治共同体の要素をそぎ落として把握した支配機構を国家と考えた。

さらに国民国家形成のプロセスを概観してみると、国民国家の概念が登場してくるのが18世紀末のナポレオン戦争、1815年のウィーン条約、及びその後の民族運動の広がりによって、それぞれ各地で既に存在していた王朝や領邦国家を打ち倒しながら、民族意識といえるようなアイデンティティが生まれ育ち、国民国家なるものの理念や形態が形作られた。ナポレオン軍に対抗したドイツ・ライプッィヒでの諸国民戦争（1813年）や、トルストイ『戦争と平和』の題材となったナポレオンのロシア侵攻に対抗した「祖国大戦争」などを見ていると、こうした過程において民衆が果たした役割は大きく、また下からの民族意識の形成自体が重要なプロセスであったことが分かる。ほぼ100年遅れで中国のエリート・知識人の間で、このような民族国家の構想が議論され始めたことは上述したとおりである。しかし歴史的な土台が、中国とヨーロッパでは全く異なっていた。そのため1912年に樹立された中華民国、1949年に樹立された中華人民共和国は、形の上では国民国家（民族国家）の体裁を整えていたが、ヨーロッパ的な国民国家とは同一視できないような特徴も見られる。

最大のポイントは何と言っても、「天下国家論」である。近代国家建設を目指したはずの孫文の座右の銘は「天下、公を為す」であった。また既述したように、国民党との戦いの最終段階で行なった第7回共産党代表大会の閉幕の辞で、毛沢東は「愚公山を移す」という故事、愚公の精神に感銘を受けた天帝が力を与えて二つの山を移したという逸話を紹介した。そして自分たちの活動で天帝に感銘を与え、革命を成功させようと呼びかけた。近代的な指導者でさえ、新国家樹立を目前に控えて対話をするのが「天」であるというのは、なんとも中国的と言わざるを得ない。

孫文も毛沢東も、本来境界のない「天」を語りながら、新国家の樹立、建設のプランを語るという手法をとっている。国家とは民衆の革命的行動そのものによるものでも、また持続的な経済発展を通して形成された安定的な政治枠組みでもない。天の意思そのものの反映として捉えていることをまず確認しておくべきであろう。

以上のように、国家を国内動向を中心に歴史的に見ていく場合、複雑な独自の文脈を無視していくわけにはいかない。しかし国際関係において国家を見ていくと、国内の延長線の文脈として理解できる冊封《さくほう》＝朝貢体制がオリジナルな文脈として捉えることができる。この点は次章の「天下秩序」をめぐるテーマのところで詳述していこう。

対外関係においてクリアな「民族国家」としての中国

国家は、対外関係において見る場合、はるかにクリアである。例えば、今日の中国の為政者の発言を見ていると、領土問題にしても主権問題にしても、強烈な自己主張を繰り返し、「内政不干渉」を盾にして、相手側の言い分に関しては「全く聞く耳を持たない」といった態度に徹している。チベット地域やウイグル地域でも、長くそこに住んでいた民族にしてみれば、ある時漢族が入り込み力づくで併合したわけで、漢民族によって「古来神聖不可分の固有の領土」と言われても、現地の人々が心から納得するというわけではなかろう。尖閣諸島問題にしても、南沙・西沙問題にしても、そこに中国人と言える人々が住みついたことがあるわけでもなく、勝手に東シナ海、南シナ海の大半を自分の領海として線引きして、そこに含まれるから我々の領土だと主張しているわけで、当事者・当事国がはいそうですかと納得できるわけはない。

これまで指摘したように、中国が「民族国家」あるいは「国民国家」の概念を持つようになった歴史はけっして長くはない。清の時代に非漢族を対象として設置された理藩院が統治していた地域（＝藩部《はんぶ》）を中国領土として組み換え、その外側のラインを国境と定めるようになった。そして、国家としては1912年4月に孫文《そんぶん》に代わって大総統に就任した袁世凱《えんせいがい》が「およそ蒙、蔵、回疆《かいきょう》の各地方、ともにわが中華民国の領土たり」と言明したことによって、近代的な国家の体をなしたのである。

これと関連して、領土とか主権に関わる問題は、中国当局を強烈なまでに頑固なナショナリストにしてしまう。それはなぜなのか。

近代史以前は無論、近代と呼ばれる時代においても、ロシア、イギリス、ドイツ、フランス、アメリカ、日本などの列強諸国が、国内のある勢力と連携し容易に国家分裂の行動に動いていたことが思い出される。一度支配下に入れた地域は、たとえ人民共和国成立以降は実質的に自国の領域として統治したことがないとしても、自分の領域であるとの認識を持ち続けているようだ。しかし当地域においては自分自身が統治した経験を持つ少数民族が存在しており、いつでも分離・独立を目指す勢力が存在している。しかもそのような動きに対して、支援をしようとする外部勢力が存在していることも事実である。したがって、国内統一のタガを少しでも緩めると外国の介入を招き、統一的な国家体制が崩れてしまうのではないのか、という強い不安と危惧感を持っているのだろう。

さらに、その裏返しとして、近代的な統一中国を実現した最大の要因も、「民族存亡の危機」を訴えたナショナリズムの高揚であった。しかも今日では、2008年前後に顕在化したチベットの独立運動を力で制圧し、さらにその後、ウイグル地域における同様の動きに対し、徹底的な力による弾圧と漢化政策による封じ込めを試みている。中央の「一国二制度」の統治政策に強い不満を示してきた香港住民に対しても、2020年6月の「香港国家安全法」施行以降、徹底的に押さえ込みを行っている。おそらくこれら一連の動向は、「台湾統一」という共産党政権にとって残された「悲願」の実現を強く意識したためである。

しかし、歴史の事実を丁寧に見ていけば、中国当局の言い分には曖昧な部分、「虚構のストーリー」も少なくなく、膨大な「粉飾決済」がないとは言えない。同時に国際社会において国家主権、固有の領土、国境とは何かといった点が関係当事国の間で明らかにされ、合意されなければならない。

例えば、台湾は明遺臣の鄭成功《ていせいこう》政権の一時期（1662年～83年）とその後の清の時代に一府三県の行政府が設けられ、福建省の管轄下に置かれたことがあったが、実質的に中国本土の支配を受けたことはない。しかも、台湾は長い間「化外《けがい》の地」と呼ばれていた。化外の地とは、中国の権力・法、文化が及ばない地のことを言い、化外の民は「蛮族」と呼ばれた。日本はその後自ら台湾出兵を実施しこの問題に決着をつけている。いずれにせよ、これは清国が台湾に対する主権を放棄している実態を示すものであった。

このように「神聖不可分の領土」「固有の主権」と言っても、その実は曖昧な内容だと言わざるを得ない。台湾自身が自らの体制を決める権利（自決権）を持っているというのが、台湾の多くの人々の言い分である。歴史の事実を踏まえれば、一理ある言い分と言わざるを得ない。しかし中国当局は全く聞く耳を持たない。そして「祖国の統一」「中華民族の偉大な復興」の実現という表現で、武力行使も辞さない姿勢を示し続けているのである。

歴史の中で創造された「中華民族」

中国で「民主主義」の声が小さくなっているのと反対に、「ポピュリズム」（民粋主義）の機運が高まっていると言われる。その頂点には「中華民族の偉大な復興」を叫び続ける習近平国家主席が存在する。よく言われるように、習近平は最高権力を掌握して以来、次々と政敵を失脚に追いやり、様々な部門の権力を独占し、自身に対抗する、あるいは異なる主張を封じ込めてきた。また社会的にはハイテクをフルに利用し、巨大な監視社会を実現した。まさに鄧小平をも凌駕する独裁者となった。

中国人の多くはこれまで中国が「遅れた国」だと意識し、いかにして欧米の先進諸国に学び、近づき、追い越すかを課題にして日々を暮らしていたように思われる。しかし１９８０年代以降、外国からの投資、技術の積極的な導入、２０００年代に入ってからはＷＴＯ加盟によって本格的に世界経済に参入し、目覚ましい経済発展を続けてきた。２０１０年にはＧＤＰで世界第2位の大国となり、２０３０年頃には米国を追い越すとまで予測されるようになってきた。またそれに伴い、２０１０年頃からは軍事力でも、陸海空及びサイバー・宇宙など総合的で飛躍的な発展を遂げた。ハイテク産業も長期戦略の下に大幅な投資を続け、今日では世界の先端グループを担い、部分的には米国を追い越すほどまでに成長した。

国内的にも様々な矛盾は存在するにせよ、総じて物が豊かになり、これまで停滞していた情報の伝達や物流をハイテクのフル活用によって飛躍的に改善し、便利な社会を享受できるようになっていった。中国武漢に端を発した新型コロナウイルスによる世界的なパンデミックに対しても、いち早く混乱を収拾し正常な経済活動を回復させたかに見える。ソ連の崩壊、日本・西欧の低迷、中東・アフリカ・ラテンアメリカなどの社会混乱などが続く中で、中国も苦しみもがきながら、しかしこのように目覚ましい発展と、以前に比べそれなりに安定した社会を築き上げてきたのである。

近代史の屈辱を拭い「中華民族の偉大な復興を実現しよう」という習近平の呼びかけは、これらの数々の成果を背景に多くの中国人にとって「実感」として受け止められ、その感情を煽り立てる習近平への「讃意」となって跳ね返っているかのようである。そして中華民族の結束は固く、揺るぎないものであるかのようでもある。

しかし、中国人はそれほどに強い一致団結した民族意識や愛国心をもち、民族の恥辱を払うといった断固とした信念を持っていたのだろうか。そもそも「中華民族」という言葉自体が古《いにしえ》から存在していたものであったのだろうか。「中華民族」というまとまりを考える場合には、古来言われてきた「大一統」という考え方を確認しておかなければならない。

「大一統」はもともと「民族」観という意味では中立的で、広範な空間において「緩やかなまとまりが重要」、「まとまることが大切」という概念であった。しかしこれが「天下統一」という意図と結びついて、重要な政治性を持つようになる。これは3000年余り以前から、中国の歴代王朝が政治的矛盾、混乱、拡散を解決し、安定した秩序を構築し、領土を確固たるものにし、統治制度を整える執政方法と価値理念を取り込んだものであった。それは為政者の建国の目標や国家統治の理論であっただけでなく、中国人の心中に根深い思想観念を形成したのであった。

「大一統」の政治思想における意義に着目した王柯《おうか》は、「なぜ「大一統」が中華民族の文明の本質なのか?」と自問し、「大一統は集中的で統一的な国家の政治体制を鍛え上げた。中央による統一的指導、国家統一、郡県体制は「大一統」政治の三大要素だ」と指摘し、その生成期における大一統と天下の関係を以下のように要約している。「周の後期(春秋・戦国時代)には、周に封建されていた諸侯が各自の国内・周辺地域に対する政治支配と同化を進めた。…秦によって、周の支配していた地域が政治的に一元化されて統合されると、現実の政治世界に対応する明確な地理概念として「天下」概念は顕在化した。秦の統一は「天下の統一」であり、中国が天下を統一したということは中国の拡大であった」（王柯・前掲書）。

時代が下って清末民初の時期にも、多民族が混在する中華世界をいかにしてまとめるかという課題を指導者、知識人たちが背負い、思索していた。彼らが絞り出した知恵は「中華民族」という概念であった。無論その背後には、アヘン戦争以来の列強諸国による侵略の圧力と、それに伴う強烈な危機意識が存在していた。「中華民族」というまとまりを示す表現が生み出され、大一統が包み込む空間を民族主義的な政治空間に変えていったともいえよう。

つまり「中華民族」という言葉は、わずか100年ほど前の中華民国成立前後には、生まれたばかりの新語でしかなかった。しかも観念的にしか存在せず、実体を伴うものではなかった。「中華民族」の名付け親とも言われる梁啓超《りょうけいちょう》は、1901年に、「従来我が国には国名がなかった。…支那《しな》、震旦《しんたん》などというのは、他族の人による呼称であって、我が国民が自ら命名したものではない」と述べている。ここで梁啓超は、歴史上高い文明が及ぶ範囲といった漠然とした意味で使われていた『中国』という語に明確な空間的輪郭を与えるとともに、それを支える気概を持つ団結した『国民』を作り出すことを目指した（岸本美緒「『他者』から読むナショナル・ヒストリー」『思想』2021年3月、7頁）。孫文は「中国は一片散砂」のようなものでまとまった民族主義はない、あるのは家族主義、宗族《そうぞく》主義のみであると論じていた。国民統合を実現し、近代国家の形成に喘《あえ》ぎ模索していた当時の改革・革命家たちは、統一した国民国家においては、統一された民族の存在が不可欠であることを知り、もともと多民族国家である中国を大きな枠組みで一つにまとめ包みこもうとした。この政治的な文脈から生まれた考え方が「中華民族」という概念であった。

中国に「民族主義」なるものが生まれてくるのは、19世紀中頃以降の帝国主義列強の侵略を契機としてであった。英国のアヘン密売による清国の揺さぶりに強い危機意識を持った林則徐《りんそくじょ》の愛国的行動、フランス宣教師殺害に端を発した義和団《ぎわだん》運動及びその鎮圧に軍を派遣した欧米日の八カ国連合軍の侵略などが引き金となって、青年・知識人たちの民族的危機意識は高まった。後日、当時の心境を語った毛沢東は、辛亥革命の頃、「あゝ中国はまさに滅びんとしている」というパンフレットを読んで、革命運動に参加することを決意したと語っている。日本でも幕末期の外国列強の圧力の中で、尊王攘夷論といったナショナリズムの台頭が見られたが、中国でも同様であった。孫文は『三民主義』の中で、「中国革命とはつまるところ救国主義による革命である」と語っていた。

話は変わるが、1961年1月に日本社会党の代表団が訪中し、毛沢東主席と会見した折、日本側は中国侵略に対する謝罪の念を示した。それに対して、毛沢東が行った返答は大変興味深い。すなわち、「日本の軍閥はかつて中国の半分以上を占領していました。このため中国人民が教育されたのです。そうでなければ、中国人民は自覚もしないし、団結もできなかったでしょう。日本の皇軍が中国の大半を占領していたからこそ、中国人民にとっては他に出路がなかった。それだから、自覚した。武装し始めたのです。…日本の独占資本や軍閥は「良いこと」をしてくれた。もし感謝する必要があるならば、私はむしろ日本の軍閥に感謝したいのです」。毛沢東一流の皮肉を込めた表現だが、日本の侵略によってバラバラだった中国人をひとつにまとめ、団結した意志の力を示すことができたという意味で、本音と言えるかもしれない。

では清末期以前には、民族の問題はどのように受け止められていたのだろうか。近年、講談社で出版された『中国の歴史』シリーズ全12巻で描き出された史実によれば、中国史とは単なる中華王朝の交代史ではなく、漢民族と非漢民族との対立、交錯、融合の歴史であった。例えば第6巻は「絢爛たる世界帝国」と題して隋唐の時代を描いているが、唐王朝の後半756年に非漢民族であった安禄山《あんろくざん》、史思明《ししめい》が起こした「安史《あんし》の乱」以降、多くを非漢民族によって占められた節度使と呼ばれる地方官僚が実権を握る。唐滅亡後は大契丹《きったん》国から始まり、遼、夏、金など非漢民族系の王朝が宋王朝と並んで存続し、やがて西北高原から南下したモンゴル族が打ち建てた元朝によって統合されることになる。安史の乱より元王朝の崩壊に至るまでの、なんと600年あまりの時期は、中国本土は非漢民族系の指導者達がイニシアティブを握っていたと言って過言ではないだろう。さらに明の200年あまり続いた漢民族王朝のあとに訪れたのも、非漢民族である満州女真《じょしん》族が打ち立てた清王朝であった。

中国史を通して漢民族と非漢民族との間の対立・確執はいつの時代にもおこっていた。今の時代においてもそのように言えるかもしれない。清末において満州族の打ち建てたこの王朝を、打倒しようとする動きが顕在化してきた。例えば1851年に勃興した太平天国運動では、重要な目標の一つが「滅満興漢《めつまんこうかん》」であった。その後の辛亥革命につながる様々な秘密結社の運動が起こったが、「興中会」「華興会」「光復会」などのそうした組織も「滅満興漢」の考えに賛同していた。1905年、これらの結社を糾合し、辛亥《しんがい》革命の母体となった「中国同盟会」が結成されたが、その時のスローガンが「駆除韃虜、恢復中華、創立民国、平均地権」（満州族王朝を打倒し、漢民族の世界を回復し、民主国家を樹立し、土地制度を改革する）であった。新しい概念として生まれつつあった「中華民族」の中心的な担い手として、何としても漢族がその位置を占めるという決意の表れでもあったかもしれない。

1912年1月1日の孫文による臨時大総統就任宣言において、「漢満蒙回蔵の諸地を合して一国となし、漢満蒙回蔵の諸族を合して一人の如からんとす」と発言し、「五族協和」の姿勢を示した。しかしその後、孫文は1921年の「三民主義具体方策」の中で、「漢族を以て中心となし、満州人・モンゴル人・ウイグル人・チベット人を我らに同化せしむ」と明確な同化論の立場を明らかにした。話は少しそれるが、今日習近平政権下で、少数民族に対する中国語及び漢文化の教育を徹底化させ、愛国教育に力を入れている。2021年8月、教育部は少数民族地域における幼児教育で、標準中国語を使った教育を行うよう求める通知を発した。そこには「中華民族共同体意識の形成」が目的とされており、疑いなく漢化による同化政策の推進と言えよう。朝鮮族、モンゴル族などは独自の言語教育に対する軽視だとして反発していると報じられていた（『朝日新聞』2021年8月4日）。ウイグル族などに対しては、抵抗が激しいだけに、かなり強制的な同化政策が進められており、欧米諸国はこれを人権抑圧と非難している。もちろん中国当局は「同化政策」は人権弾圧ではないと主張するだろう。

結党初期の共産党の民族問題に関する立場をもう少し見ておこう。共産党が初めてまとまった形で民族問題を提示したのは、１９２２年7月の第2回党大会の時であった。そこには自由連邦制によって中国本部・蒙古・チベット・回疆を統一し、中華連邦共和国を作る。本部以外の少数民族地区では自由の意思を尊重する「諸民族の自決権」によることが明記されていた。１９３１年11月に樹立された中華ソビエト連邦共和国臨時中央政府公布の「憲法大綱」でも「およそ中国領域に居住するものは、中華ソビエト連邦に加入し、またはそれから離脱し、もしくは自己の自治区域を樹立する完全な自決権を持つ」と明記していた（『共産党史資料集』第5巻）。共産党主導による統一国家の展望が現実化する中で、来るべき国家は連邦制国家か、単一制国家かという議論が再燃するようになった。

多くの人口を抱える他の国家はことごとく連邦制を採用しているのに、しかも上述のように共産党自身が31年の中華ソビエト建国の時点で連邦制を構想していたにも関わらず、建国に至る段階で一人中国のみが、世界最多の人口を抱えながらもなぜ連邦制を取らなかったのか。毛里和子によれば、この問題に関しては「建国直前まで最終的な決着がついていなかった」（『周縁からの中国』40頁）。資料から見られる主張では、李維漢《りいかん》がソ連邦と国情が違うという理由で、あるいは周恩来《しゅうおんらい》が帝国主義諸国の中国分裂工作への強い懸念から、連邦制をとるべきではないという演説を行っていた（同上42頁）。しかしいずれにせよ、建国後、共産党ははやばやとこれまで掲げていた中華連邦共和国構想を放棄し、単一制国家を選択した。その背景の考え方として、長い中国の歴史の中で「大一統」の思想が生き続け、なにはともあれ分裂を避けて統一的な王朝体制を持続し続けてきたということが最大の理由であろう。また上述した1921年の孫文演説に見られる漢族中心の統一国家、という考え方を中国共産党は継承したといえよう。

1988年、中国の著名な社会学者・費孝通《ひこうつう》が、中華民族論を整理し総括的な考え方として「中華民族多元一体化格局」という概念にまとめあげた。彼によれば、多元一体とは56の実在する民族からなる互いに依存し統一した分けることのできない総体であった。多元をなす56の民族が基層であり、〝一体〟は多元の基礎の上に現れた総体＝〝中華民族〟である。この多元一体において、漢民族自体が歴史的に中国領域で生きてきた諸民族の接触・混合・融合の複雑な過程を通じて生まれたものである。そして多元一体構造は、〝それぞれ個性を持つ多元の統一体〟がどのように形成されてきたのか、その意義は何かを示している。

第1に中華文化が多元性と共通性及び個別性を持つという特徴、

第2に錯綜し複雑な民族間における経済活動、政治及び文化の関係の特徴、

第3に共存共栄の大集団が形成された基本的原因を分析し、世界に向けて中国の経験を提供できる、といった指摘である。

このような費孝通の見方は、中国領土内に住む多民族の総体を歴史を踏まえながら理解する上で、貴重な指摘であったと言えよう。

「漢化」する「中華民族」

その上で、費孝通は、漢民族は「中華民族の凝集的核心」になっていったと力説する。が、これは歴史事実から見るとかなり問題が多く、中国当局の意向に沿って政治的に結論付けたものと言わざるを得ない。中華民族という概念自体を古代に遡って設定し、漢民族がまさにそのような中華民族の凝集的核心であったというのは、中国史を「漢族中心主義」で描き出そうとする試みである。純粋な人種的分類として「漢族」をとらえようとするならば、史実に沿わない歪曲が生じてしまう。それは清末から現在の中国当局に至る漢族の政治指導者の意図に重なり合っている。しかしこのような考え方はしばしば「大漢民族主義」と重ね合わせて扱われ、様々な論争を引き起こしている（杉山文彦「現代中国の民族問題と「中華民族」」『文明研究』東海大学文明学会、1999年、42頁）。

これまで指摘してきたように、その実体は中国の歴史で繰り返された漢族の周辺異民族との戦いを含む交流、混在による混血の結果である。実際、漢族は成立から現代に至るまでの長い歴史の間に五胡、契丹、満州、モンゴル、ウイグル、朝鮮その他、多くの民族との混交・融合の歴史を経て成り立っている。そのため、現在、漢族は中国人口の92％を占め、1949年に一つの「民族」として扱われていたとはいえ、もともとは歴史的な中華帝国の行政枠組みに形式的に組み入れられた、雑多な人々の集合体に過ぎなかった。もちろん、漢族全体に共通した思想・価値観といった「文化要素」がこれら非漢族にも重大な影響を与えてきたことは事実である。が、これによって彼らを「漢族」として扱いきれるか、そこに「大漢族主義」のにおいが感じられてくるのである。

「漢族」自体の中にも、言語・容貌・生活習慣など地域的に大きな差異が見られる。それでも雑多な融合民族が「分離・独立」を目指す動きには展開しなかったのは、彼らには中華文明の一員としての意識があったからである。例えば、客家《はっか》の人々は、周辺に住む他の漢族集団とは異なる独特の言語・文化を持っているとされるが、そのアイデンティティの中心にあるのは「正統漢族」意識であり、客家と対立しがちであった広東《かんとん》人たちも、自分たちこそが中国の伝統文化を正しく受け継ぐものだとして、漢族としての正統性を主張した。それゆえに中華世界からの離脱はありえなかったのである。

上述したように非漢民族系の王朝が、中国史全体の中で主要な勢力として活躍した時代は、あまりにも長期に及んでいる。しかしながら、中原の地一帯で生み出された文化、とりわけ重要なのは「大一統」観と官僚制の統治システムであり、「大乱」に際しても急速に秩序を回復させる機能を果たしていた。つまり非漢民族王朝にとっても、それらは体制維持のために効果的に機能し、よって非漢民族の権力者もそれらを積極的に受け入れ、受容したのであった。

さらに「大一統」観は清末において「中華民族」という新概念を生み出す重要な役割を果たしていたとも解釈できる。しかしそれは担い手を問わない「文化の機能」であって、漢民族の凝集的核心の役割によるというのは言い過ぎと言わざるを得ない。そこに強い凝集力が生まれたのは、すでに触れたことであるが、19世紀後半から20世紀にかけての列強の侵略に対する抵抗運動、政治的統合を目指す革命運動などによって啓発された危機意識の共有によるものであった。

本来、Å民族がB民族の居住地に入り生活を共にし、言語、生活慣習、宗教などを共有するようになっていくことをÅとBの共棲といい、さらに緊密になり、一体化していく状況を民族融合と表現することができる。しかしÅ民族のB民族への同化という場合、Å民族が本来、生活形態、言語、慣習、思想などが異なるB民族と同じような状態になることを言う。この場合、自発的な同化と強制的な同化の2種類がある。自発的な同化の場合、さほど大きな問題は起こらない。考えてみれば、漢民族の拡大自体が同化の歴史であったと言うことも可能であろう。春秋戦国時代を通して、黄河流域、長江流域で拡大していた様々な民族・勢力が入り乱れて争い、分離・統合を繰り返しながら、秦王朝の下に統一中国を実現したのである。

当時各地で勢力を張っていた民族は、一括して同じ族と呼ぶには躊躇するほどに言語・生活や食の慣習・体型などに大きな差異があった。標準語とされる北京語、上海語、山東語、四川語、福建語、湖南語、広東語など、純粋に使うなら今日においてさえも相互に理解することは容易ではない。しかしながら秦による中国統一は、漢民族の統合にとっても画期的な突破であった。例えば、各地域によってそれぞれ異なっていた度量衡《どりょうこう》、車軌《しゃき》、文字の統一を実現し、コミュニケーション及び人流を容易にし活発化した。

しかし、強制的な同化の場合、様々なレベルでの社会的差別とか、潜在的な感情的対立などが生じ、民族関係は複雑かつ深刻になる。日本の韓国併合において、やがて日本文化・日本式氏名の強要、韓国語の公的場面における使用禁止などによっていわゆる「第二日本人」の創造を図ったことは、韓国人に強烈な民族的屈辱感を与え、それが今も日韓関係に悪影響を与えていることは周知の通りである。

建国以来、共産党政権が少数民族地域に対してとった政策は、基本的にはそれぞれの少数民族の言語、風俗、習慣、宗教などの尊重・保護であり、チベットなどを除き、比較的穏健で緩やかな民族自治の政策であった。ただ文化大革命期には大漢民族主義が横行し、各地の少数民族は厳しい弾圧を受けたと言われる。しかし改革開放期には再び穏健で緩やかな民族政策がとられた。筆者が北京に滞在していた時期は、ちょうど胡耀邦総書記、ついで趙紫陽総書記の時期であったためか、比較的穏健な民族政策が感じとられた。

例えば1987年秋、筆者自身がウイグル自治区のウルムチを訪れ、ウイグル族と話をする機会があったが、彼らは中国語が使えず、漢字も書けず、もちろん生活習慣はウイグル式であった。髪の毛は茶色で皮膚も赤っぽく、鼻はとがった感じで、眼も茶色系が混ざっている感じで、漢民族とは一目見て違いが分かるのがウイグル族の特徴であった。筆者は冗談半分に、「私は顔も形も漢族に近く、中国語もある程度喋れるし、漢字を使うこともできる。なのに中国人ではなくて日本人。あなたは顔も形も漢族人とは全く異なり、中国語もしゃべれない、書けない。なのに中国人。変な感じですね」と言ったことを記憶している。相手側も笑いながらそれに反応していた。それぐらい当地ではウイグル族の「漢化」、すなわち「同化」は進んでいなかったということである。

しかし、習近平時代に入って状況は大きく変わってきた。日本に住んでいるモンゴル族、ウイグル族、朝鮮族などの知り合いの話を聞いていると、以前は中国語が使えなくても自分たちの言語で大学の入学・進学は可能であり、厳しい関門ではあるが出世コースの就職も可能であった。しかし今日では中国語の受講・習得が義務化され、漢化に沿った歴史教育、愛国教育も重視されるようになった。日々、中国共産党を讃える教育、国旗を掲揚し、国歌を歌うことが義務付けられている。したがって少数民族内においても、エスノナショナリズムよりも中華ナショナリズムの方が重視されるようになっているようだ。

「多元一体格局」を重視した中華民族の構造が、重大な変化をもたらし始めている。すなわちそれはかなり徹底した漢化による同化であり、上述した日本植民地統治下の「日本人化」教育に類似している。最近のチベット自治区、ウイグル自治区、香港などからの情報は、彼らに対する人権弾圧として漏れ伝えられてくるが、暴力的な人権弾圧もさることながら、このような漢化の強要による精神的な弾圧こそ重大視すべきであろう。一見非暴力的でさして問題はないように見えるが、強制的な漢化教育はイスラムならではの宗教心の強いウイグル族にとって屈辱と苦痛を伴うもので、無視できない憂慮すべき事態と言わざるを得ない。

中国において「愛国」とは、本来、多様性を保ちつつ、いろいろな輝きを示す統合の概念としての「愛国」であった。しかし今日見られる「愛国」は、漢族式のスタイルや歴史・言語などに収斂し、より先鋭化された排他的「愛国」になっているように見える。

例えば、国内のチベット族、ウイグル族といった少数民族が漢族による支配の強化に対する「異議申し立て」を行った場合、共産党当局は、しばしば徹底的に力づくで押しつぶす。また他国からの「批判の声」に対しては、内政干渉として激しく反発し、あるいは尖閣諸島や南シナ海の南沙・西沙における領土領海問題に対して、「自国の固有の領土領海」として頑なに、強固な態度で終始している。それこそが現在の中国の「愛国主義」となる。あたかも強烈な民族国家、国民国家として中華人民共和国が存立しているかのようであり、この指導者達は強硬な国家主義者であるかのようである。

しかし元々中国を一般的な意味での「民族国家」として捉える歴史は、これまで見てきたように、それほど古くはない。そして近年、改めて「愛国主義」が強調され始めたのは、天安門事件で「民主の女神」が建てられ、共産党を厳しく批判する若者たちの姿を見て、直後に鄧小平が「愛国主義の教育が足らなかった」という発言がなされて以降であった。江沢民もこれに力を入れ、1994年に「愛国主義教育綱要」が作られ、全国各地に戦争や英雄を題材とし愛国主義を讃えた記念基地が建設され、教育、参観が徹底されるようになった。愛国主義教育は継続して各地で実践されてきたが、習近平政権になって一段と、「漢化」としての「愛国主義」の傾向を強めていったように見える。

欧米的な秩序の考え方

では次に、秩序をめぐる議論に入っていこう。国家主権の問題を踏まえると一般的には、国内秩序の場合と国際秩序の場合とに分けられる。国内においては様々な強制力を持った規則、ルールあるいは日々の慣習などが存在し、人々が基本的にはそれに従って行動し、その行動が予測可能な範囲内で行われる時、社会全体は安定的な状態におかれる。この時国内には秩序があると表現される。

歴史的に見れば、アテナイにおける制度的発展が重要で、民会を舞台とした民衆による社会的合意形成は、秩序の形成に有効で、社会安定に効果をもたらした。西欧における社会秩序をめぐる理論は、国家と社会との社会契約として理解されている。社会を構成する一般の人々は、社会秩序を維持するために、憲法、法律、ルールなどの作成を国家に依頼し、さらにはそれらを維持するための強制力を国家が持つことを承認する。

これが極端な状態になって、社会秩序の維持が困難になった場合、トマース・ホッブズが指摘していた状態が生まれてくる。つまり決定的な能力差のない自然状態で人間が互いに自然権を行使しあった場合、「万人に対する万人の闘争」といった無秩序の状態になる。そこで無秩序を克服し個人の生存権を保障するために、「人間が天賦の権利として用いる」自然権を国家に譲渡し、個人の自由と安全を守ってもらう。これが社会契約である。ホッブズはこのような強力な国家（リヴァイアサン）の存在を必要とし、正当化した。

では、国際社会における秩序の問題はどのように捉えられていたのであろうか。ヘンリー・キッシンジャーは2014年に発表した『世界秩序』の冒頭で、次のように述べている。「本当にグローバルな世界秩序は、いまだかつて存在したことがなかった。私たちの時代は秩序としてまかり通っているものは、4世紀ほど前に西欧で編み出された。1648年のドイツのウエストファリアで開かれた和平会議がそれにあたる。…その条約は素晴らしい倫理的な見識などではなく、現実に実際的な適用そのものだった、すべての当事者の力を概ね均等にするという方式で、独立国がよその国の国内問題に干渉するのを控えさせ（相互の領土尊重、内政不干渉）、互いの野望に歯止めをかけようとした」（邦訳本、2016年）。

この条約は、その後1803年~15年のナポレオン戦争、20世紀の第一次世界大戦、第二次世界大戦を経て、国際社会の基本的なルール・原則として生き続けてきた。例えば、1951年の中印戦争の処理をめぐって周恩来・ネール会談で合意された「平和共存五原則」の内容も、基本的にはこのウェストファリア条約の内容をみごとに踏襲していたと言える。

このように非西欧世界においても国際紛争の解決にあたっては、ウエストファリア条約の基本原則が今なお生かされている。最近でいえば、2020年アウンサン・スーチー女史の率いる国民党主導のミャンマー政権で軍事クーデターが起こり、スーチー政権が倒されることになった。このクーデター自体はとても国民的な支持を受けているとは言い難く、正当性を欠いた問題を残している。しかしメンバーが属しているASEAN共同体において、ASEANウェイと言われる「内政不干渉原則、全会一致原則」などが機能しているため、良くも悪くもクーデターを起こした軍事政権はASEAN諸国から攻撃を受けるということはない。中国自身も以下で述べるような独自の秩序観を持っているが、こと内政干渉絡みではウエストファリアの原則に極めて忠実であった。ただし「主権」をめぐる他国との対立に関しては、相手側との議論、ないしは国際機関など第三者を入れての議論は基本的には拒否し、一方的で断定的に自分の領域、陣地として主張し、可能な場合は強硬的に占有している。

例えば近年、中国は南シナ海を自分の国の領海であると露骨に主張するようになってきた。その根拠を夏王朝、漢王朝の記録にまで遡って示しているが、そもそもこの時代に中国が国境という概念を持っていたとは思われない。またこの時代の中国の統治範囲も流動的であるが、少なくとも南シナ海を囲む地域が国境内の範囲（化内《けない》の地）になっていたとは言えない。また別の根拠として1947年に蒋介石国民党政権が当地域に「11段線」を引いて中華民国の領海と断定した。中華人民共和国もこれを踏襲し（実際には「9段線」として）自国の海と主張している。が、客観的な根拠はない。

日本との争点になっている尖閣諸島領有権問題も、しっかりした根拠のもとに主張されているとは言えない。しかし極めて強い断定的な姿勢で望んでいることも確かである。

国際影響力に巻き込まれていった天下秩序論

近代社会形成の文脈で世界の歴史を考えてみると、キッシンジャーの上述した指摘のように、確かにグローバルな世界秩序と呼べるようなものは存在したことがなかった。それゆえに世界はアナーキーな存在として捉えられ、その現実を踏まえた上で、国家を至高権を持ったアクターとして捉え、国家間の調整、妥協、合意の枠組みを作りながら、不完全ながらもいかにして秩序と呼べるような社会を構築するかが問われるようになった。今日に至るまで基本的にはこのように国民国家＝Nation Stateを基本的なアクターとして、アクター間でバランスオブパワー、バンドワゴン（勝ち馬に乗る）などのような枠組みを作り、秩序立てられた状況を模索してきたのである。

しかしながら、中国の視点から国際秩序を考える場合、近代国際社会に参入して以降の中国は先ほど触れたように国民国家としてのビヘイビアを強く持っているが、伝統思想を紐解いてみると全く違った様相が浮かび上がってくる。それは「天下」という概念の存在である。ヨーロッパにおいても神が国家を超越した実体として存在していると指摘する人もいるが、それは内面世界の最高の価値といえよう。ここで言う天下とは単なる空間概念ではなく、横に広がる地域概念でもない。それは一言でいって秩序概念である。しかしダイナミックな人間社会の変化に沿って天下を考えるならば、それは当然ながら地域概念にも空間概念にも重なってくる。

少し遡って、「天下」をめぐる動きを見ておこう。紀元前7世紀から紀元前2世紀頃にかけて、中国ではすでに各地で有力な政治勢力が形成されていた。そこには秦、燕、楚、趙、魏、斉、魯、晋などといった「領域国家」とも言える国が並立していたのである。したがって政治統合を目指す統一行動は「国家統一」ではなく、「天下統一」と呼ばれた。

天下とは先で指摘したように、普通には地理的限定のない空間のことであるが、天子を頂点とした一定の秩序原理を伴っており、その対象とされる地域・民衆・国家を含む形で用いられる。孟子の「王道論」では次のように語っている。「この分散孤立体は天下秩序すなわち「封建」的体統に秩序されているものと考えられている」。この秩序体統は孟子によれば天与の仁義に基づくものであるが、実は分散孤立であるはずの個体が、互いに交渉があり自己主張をし闘争するという事実に対して設置された秩序である。…天下秩序とはまさに宗族の拡大型である。孟子の天下の観念は正に進行しつつある権力主義的天下統一の代置物なのである（西、前掲書39頁）。

そして秦の天下統一後、漢代に至る過程において、中央の政権は王朝と呼ばれるようになり、それぞれかつての「領域国家」は郡・県と呼ばれて王朝体制のもとに服することとなった。王朝は国家ではなく、しかし天でもない。天の命に従いて天下と呼ばれる権威的秩序を創り出す主体なのである。王朝の最高権力者＝皇帝（天子）は、天命に従うという名目を掲げ自らの意思決定によって天下の裾野を広げ、領域を拡大することができる。これは名目上、領土の拡大とは異なる。元々、文化の外にあった「化外の地」が教化によって「化内の地」に転じるということなのである。すなわち「中国＝天下」の概念が現実の冊封関係に影響されて変容し、周辺諸民族をも含めた現代的意味での世界として「天下」概念を形成した。
さらに、渡辺信雄は特に漢以降の約2000年にわたる中国政治社会の国家体制を、分権制として位置付けつつ、その実効支配領域を「化内《けない》」とし、同時に外部にある「化外《けがい》」を貢献制あるいは封建制として編成してきたと捉える。そして、この「化内」「化外」の政治的相互作用が機能していた地域が、清朝における理藩院《りはんいん》体制の下で「領土的領域」化することで消滅し、さらには、長い17世紀~18世紀半ばを通じた西欧資本主義の浸透力と、18世紀半ば以降の西欧国民国家体系との相互浸透性のもとに置かれるという新たな段階に入り、伝統的国家体制が変容し始めたと指摘している（前掲書、29頁）。
天下論は頂点に天子（皇帝）を頂き、階層的であるが境界のない円錐のような形で無限に下に広がっていく秩序の体系として捉えられる。秩序を生み出す基本的な思想は、有名な「礼記《らいき》・大学」にある「修身―斉家《せいか》―治国《ちこく》―平天下《へいてんか》」という表現であろう（秩序論は6章参照）。いかにして安定的に国を治めて、天下を平和な状態にするか、そのためにはまず自分自身が正しい行いをするように身を修め、家を整えることである。これは君子や士大夫などいわゆる統治者＝エリートに求められた日々の生活姿勢というものであろう。エリート一人一人に求められたこのような生活態度に加えて、組織的に実体的に秩序を維持するものとして官僚機構の存在があった
バラーシュの『中国文明と官僚制』によれば、中国の官僚制とは、

①儒教によって説かれた徳目の下での階層性国家であり、社会を維持するピラミッド型の統治機構である。
②その頂点・核心に皇帝・君主が存在する。統治のための心構え、作法を身につけ、あるべき被治者との関係を習熟し実行する＝「徳をもって治める」「修身─斉家─治国─平天下」が理想とすべき統治の姿である。
③官僚は全ての権力を独占、特に教育を独占し、再生産する特権＝科挙制度を持つ。
④官僚は人間を処理することの専門家である。国家が社会生活の全てを完全に統制し、全てを絶対的に支配する。

このような形で育成される官僚たちは、基本的には上から下へ9等級のランクに分けられ、なすべき仕事、関わるべき人間関係、振るまうべき作法などそれぞれの立ち位置が決められていく。それぞれの官僚が各々歯車となり全体の機構を動かすことによって、全国に統一した統治の枠組みとしての官僚制が安定的に機能し、政治社会の秩序が維持されることになる。中国の官僚制は、隋の文帝《ぶんてい》の時代（598年）から始まり、1905年に科挙制度が廃止されるまで、実に1300年余りの長い年月を経るほどに、維持され精緻化され拡充していた。

近代世界に参入して以降の中国はともかく、それ以前の中国における秩序の問題を考える時、不思議とも言えるほどに法に基づいた規範を軸にした秩序観が乏しいことに気づく。中国の秩序は、まず「正しい」道徳を備えた人格者がその道徳性によって統治する。さらに秩序を維持できる人間の育成と、そうした人間が参入し、それぞれ役割を担うことで機能する巨大な官僚組織の存在によって秩序が維持されてきたことがわかる。これをここでは権威関係型秩序と呼んでおこう。やはり欧米的な考え方は対照的である。すなわち人々の間にまず合意が形成され、安定した社会を築くためにルールとか制度が作られ、それを規範として守ることによって秩序が維持されると考える。ここではそのような秩序を合意規範型秩序と呼んでおく。

かつて1980年代、中国の歴史学会においてなぜ中国は長期にわたって封建制の社会を維持し続けたのかという問題提起がなされ、これに対して金観濤《きんかんとう》と劉青峰《りゅうせいほう》が、「中国には超安定システムが存在していた」という仮説を提示して話題になった。金観濤らは通信や制御に関する統一的な理論として当時注目されていたサイバネティックス理論を応用し、社会の変動に重要と思われる三つのファクターを取り上げ、それらが相互作用をしたり相互制御したりする関係性に着目し、その基本的に変わらない構造を明らかにすることで超安定のシステムを描きだそうとした。(図2参照)

彼らが着目した三つのファクター＝サブシステムとは政治構造、経済構造、イデオロギー構造である。歴史上の文脈で見ていくと、政治構造は官僚政治、経済構造は地主経済、イデオロギー構造は儒家正統として捉えられている。この三つのサブシステムがそれぞれ自律的に制御しつつ、同時に相互作用していく。例えば官僚政治が腐敗などによってその機能を大きく損なうよう

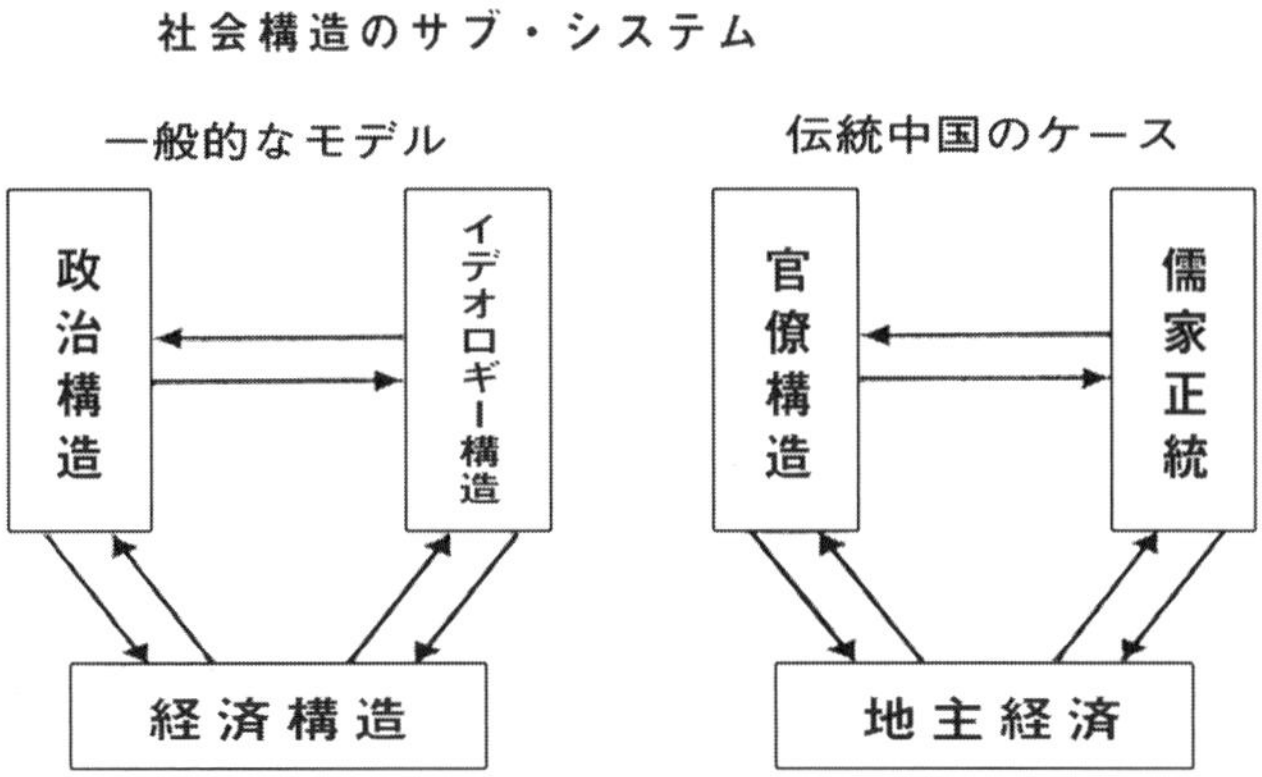

（出所）金観濤・劉青峰「中国社会の超安定システム――「大統一」のメカニズム』より引用

図２　中国の超安定システム

になった時、儒家正統のイデオロギーがポジティブに機能することにより、官僚政治の後退を最小限に食い止める。あるいは激しい戦乱によって政治構造、イデオロギー構造が十分に機能しなくなった場合、政治世界とは事実上分離されている地主経済がしっかりと機能し、全体的な体制崩壊を食い止めるといった関係である。また王朝体制が崩壊した場合でも、「大一統」というイデオロギーの作用によって、比較的短時間で新しい王朝が生まれ復元される。

言うまでもなくこのような説明は、かなり厳密性を欠いた実証性の弱い議論と言えるかもしれない。しかし中国の王朝体制がなぜ長きにわたって持続してきたのかを考える上で、示唆に富んだ視角とアイディアを提供していることは確かである。こういった関係構

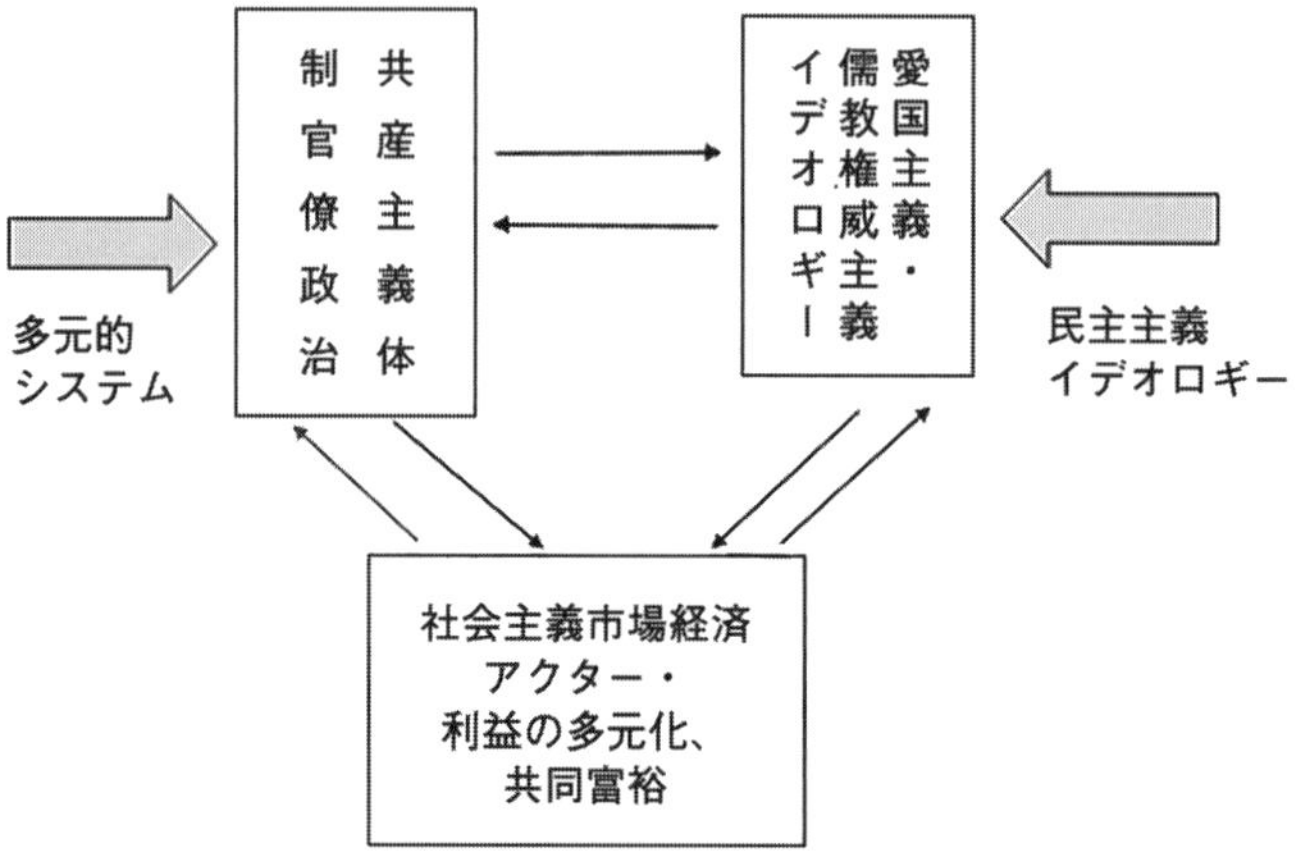

図３　中国安定システムの行方

造を踏まえて、筆者なりに今日の体制の理解に応用したものが図3である。

国際関係において国家を見ていくと、清末民初から今日まで、少なくとも表面上中国は欧米と同様の近代国家を目指して、自らを適応させようと努力し続けてきたことは確かである。しかしもともと国境の概念が乏しく、国内の延長線の文脈として理解できた冊封＝朝貢体制が、中国にとってのオリジナルな国際社会の見方であった。そしてそのような見方は、近現代史においても潜在的に生き続けていた。現在では肥大化する中国の力量とともに、それが極めて限定的であるが次第に再浮上し、今日のある見方となりつつあるように見える。

もちろん今日の中国がさらに経済的軍事的パワーを増大させ、世界の中心になることが現実化していくならば、習近平指導部の思考がかつての歴史的な冊封《さくほう》体制につながっていくような、国際的なハイアラーキーを形成していかないとは限らない。ある意味で中国の対外関係及びその外交思想は、近代史以降初めて重大な局面に置かれ、本格的な構造的変化を示すことになるかもしれないのである。これに関して極めて興味深い論文が若手研究者から発表された。王双《おうそう》「王道の国際秩序」と題するものである（これ関しては第6章で詳述）。

国家と天下の間にある「曖昧さ」

先述した渡辺信一郎・西村成雄共編の『中国の国家体制をどうみるか』は、伝統的な概念としての「天下」と現代的な国家を関連付けて説明しようとした。すなわち、国家に相当する伝統中国の観念を天下と捉え、天下が包摂する諸事象・制度的機制の論理に即して現存する専制国家・中華帝国論を相対化しようとした。それでも現代国民国家のように確定された国境線を持つかといえば、そうではない。「天下の政治的実効支配は、「声教《せいきょう》」（『尚書』禹貢篇）の及ぶところ、すなわち天子の文化的道徳的教化が及ぶ領域であり、「化内」とも呼ばれる。…「声教」は文化的道徳的権威であるから、実効的支配の領域を超えて光被することが可能である。「化外」の外国・諸族が「声教」を慕って内附すると、一定の手続きを経て百姓となり、州県制―戸籍に組み入れ

られる」(同書、7頁)

言うまでもなく、国家は明確な境界をもっており、天下は境界のない末広がりのように無限に広がっていく空間をさしている。中国の国家に関する論争は、時に境界を持つ国家として、時に境界のない天下のような振る舞いをすることによって、議論が混乱してきた。例えば日清戦争勃発の直接の原因となった、琉球住民が台湾に漂着し、54名全員が殺害された事件。これに抗議した日本政府に対して、清朝政府は「台湾は化外の地」と言って自らの関係を否定する態度を取った。その結果、日本政府は自力で軍を台湾に派遣し現地関係住民を独自に処罰する行動に出た。清朝政府が台湾を「神聖不可分の固有の領土」だとみなしていたならば、そのような態度は決してとらなかったはずである。

中国にとって、国際社会においてルールとか制度によって国際的問題を解決するという経験は極めて乏しい。もっとも清末以来、中国を巡る国際問題はほとんど列強との関わりであり、基本的には力によって決着をつけられていた。1980年代の後半、鄧小平のブレーンと言われていた陳啓懋《ちんけいぼ》・上海国際問題研究所所長は「小国に外交なし」という言葉を発していた(伊藤文雄編『21世紀の中国』サイマル出版会)。リベラルな彼でさえそのような表現をするのかと思い、鮮明に記憶している。

2010年頃だったと記憶しているが、王毅外相と会う機会があった。日本が防衛予算ですでに中国に抜かれ、GDPでもまさに追い越された時期であった。日中関係を語っている時、彼は私に「日本もそろそろ中国の方が上だ、ということを認識する時期に来ているのではないか」と言った。私は国力が強い弱いという議論には馴染んでいたが、上か下かという議論はあまり考えたことがなかったので、少々驚いた。上か下かということは権威的関係に絡んでくるもので、当然「振る舞い」や関係のあり方に関わってくる。王毅のような多くの日本人の友人を持つような人物でも、そのような発想をするのかと思った。

結局、中国人の発想の特徴として、パワー信仰が強く、ヒエラルキーをベースに人間関係を形成するのだと考えるようになった。APEC北京会議も同様である。欧州から始まって国際社会全般に広がるようになった国際ルール・規範による国際問題の解決、それを基本にした国際秩序=規範型秩序に対する信頼度が中国は弱く、外交は結局はパワーであり、パワーを重視した国際秩序でなければ安定は難しい、というのが基本的な考え方となっているのであろう。いみじくも、2002年、中国及びASEAN関係諸国との間で合意した「南シナ海平和と発展のための行動宣言」が締結され、その後ASEAN諸国側が単なる宣言ではなく実効性を持たせるために、これを規範化(南シナ海行動規範)しようと中国側と交渉しているが、2021年現在、未だに合意を見るに至っていない。規範をそもそも重視していない、あるいは規範に拘束されることを良しとしない、中国当局の考えの現れと言えようか。

近年の中国が、国民国家的な振る舞いよりも、伝統的な発想に拠って行動していると感じることが少なからずある。例えば天下の概念が時として、国境を拡張する根拠として用いられるようなこともある。

　南シナ海は東シナ海、日本海などとともに国際社会では公海として認識されている。しかし今日の中国は、領海の概念が存在しなかった近代以前の天下世界の概念を持ち出し、しかも恣意的に9段線と呼ばれる支配エリアを設定して、南シナ海を中国の海と主張し関係諸国と対立するようになった。フィリピンは中国の主張を不当であるとして、国連海洋法条約に基づきオランダ・ハーグの常設仲裁裁判所に違法の申請を提出した。２０１６年7月、同裁判所は「中国の主張に対して法的根拠がない」との判決を下した。しかし中国は判決の不服を訴えることではなく、無視することで対応し今日に至っている。

　また最近では、中国の拡張主義に警戒心を強める米国が「航行の自由」と称して当海域に頻繁に入るようになったが、これに対して中国は「我々の海に勝手に入るな」と強く抗議するようになっている。

第四章　中体西用論とイニシアティビズム

はじめに　「中国の特色ある」とは何を意味するのか

中国人は、「中国的特色」「中国的なるもの」を強調することが好きである。

もちろん日本もそうだし、他のどの国でも自分のオリジナリティを強調する傾向があることは否めないが、特に中国人の場合その傾向が強い。例えば、１９４５年に第７回中国共産党代表大会が開催され、党規約が採択されたが、その中で「毛沢東思想」という言葉が正式に使われるようになった。本来、中国共産党はコミンテルン中国支部として結成され、その後ソ連共産主義者たちの指導下で革命活動をすることを余儀なくされた。ほぼ毛沢東たちのグループだけが、党内で冷遇されながら、独自の革命運動を推進していたのである。

第７回党大会は、対日戦争勝利が目前に迫った中で初めて、中国の党として自立的に大会を運営することができたのである。そこで毛沢東思想とはマルクス・レーニン主義の理論と中国革命の実践とを統一した理論であり、中国型の共産主義、中国型のマルクス主義であると説明された。

「マルクスレーニン主義の中国化」とも言われた。その最大の特徴は、中国革命における農村社会及び農民の位置づけを極めて重視していること、農村根拠地、農民軍をベースに「農村が都市を包囲する」を基本戦略としたことであった。近代化された都市とそこにおける労働者たちを中心に革命を構想したマルクス、エンゲルス、レーニン、スターリンなど、これまでの共産主義指導者たちとは対照的であった。

さらに人民共和国建国当初に採った社会建設の基本方針は、「ソ連に学べ」というソ連型社会主義建設であったが、1953年、スターリンの死後、徐々にソ連と距離を置き始め、1958年には大躍進政策という「中国の特色ある社会主義建設」を推進することとなった。自力更生、自給自足、大而全《じぜん》、小而全（生活生産の規模が大きくても小さくても、必要なものは基本的にはすべて自前で備えるという考え方）などがその内容である。

また当時なお米ソ冷戦体制下にあった文革後期の1973年、毛沢東は中国独自の国際認識及び外交戦略として、「三つの世界論」を提唱した。世界を分類する枠組みとして、米ソ超大国を覇権主義的に支配する第一世界、貧しく植民地化された経験をもつ発展途上の国々を第三世界とし、その中間に動揺する東西ヨーロッパ、日本などを位置づけた。そして第三世界が反植民地主義、民族解放をめざし第一世界に敢然と対決する状況が、当時の基本的な潮流であると判断した。「三つの世界論」の認識が正しかったかどうかは別として、戦後強固に続いてきた米ソ冷戦体制が揺さぶられ、米中接近を見るに至り、この戦略が一定の功を奏してきたことは確かである。

毛沢東死後、しばらくして鄧小平が権力を掌握し、革命路線から経済建設・近代化に大きく舵を切った。ここでも指導者たちは、中国が一般的な近代化の道を歩むようになったとは言わず、「中国の特色ある社会主義現代化」を推進という表現を使った。強固な社会主義経済体制を打ち壊すために、農村では人民公社の解体から生産請負制への移行を試み、都市では計画経済と市場経済を混合したような双軌制をとった。またいくつかの沿海都市に「経済特別区」を設置し、海外先進国から資本、技術、人材などを積極的に取り込み、資本主義的な経済発展のモデル地域として推進した。鄧小平時代は毛沢東の考え方とかなり異なって、先進国から技術を学び、資金を借り、人材を受け入れ、資本主義方式を積極的に導入したが、それでも毛沢東時代と同様に「中国の特色ある」を強調した。

この点は現在の指導者たちの発想も変わらない。胡錦濤時代あたりから、「小康」「和諧」「以和為貴」といった伝統的な思想概念がよく使われるようになってきた。２０１４年11月の党中央外交工作会議で行った習近平の重要講話でも、「中国の特色ある大国外交」がキーワードとなり、中国の古典にある用語を用いて説明をするようになっていた。本書の冒頭で紹介した米中アラスカ会談での楊潔篪の「我々には中国型の民主主義がある」との反論も、中国のオリジナリティを強調する意図の現れと言えよう。

もちろん何が中国のオリジナリティーなのか、厳密に考えると疑問符の付くことが少なくない。科挙制度の始まりとなる九品官人法は漢族ではなく鮮卑族が打ち建てた北魏において始められ、隋に引き継がれ科挙制度となった。かつて豪華絢爛な時代を謳歌した唐王朝の首都長安は、周辺異民族や中央アジア、インド、日本、遠くはヨーロッパなどとの交流も盛んで、様々な文化が流入し、融合しあって国際色豊かな新しい文化を創造していった。1950年代の「中ソ友好の時代」においては、資金・技術・人材などソ連の全面的な援助のもとで大型のプラント建設が進められた。しかしその後中ソ対立が起こり、それらの成果がソ連からの支援であったことは一切封じ込められ、なかには中国の「自力更生」の成果として高らかに主張されたものもあった。

最近では、梶谷・高口『幸福な監視国家・中国』の中に次のような一文がある。「「新・4大発明」が登場いたしました。高速鉄道、EC（電子商取引）、モバイル決済、シェアサイクルです。…ただ「発明」とはいうものの、中国が生み出したのは駐輪場がなく、好きな場所で乗り捨てができるドックレス型シェアサイクルぐらいでしょうか。残る三つはいずれも他国で発明されたものです。特に高速鉄道は日本の新幹線の技術も提供されているので、中国の発明品と言われると、複雑な気持ちになります」（前掲書32頁）。

いずれにせよ自分の枠内（圏内）でつくられたもののみならず、取り入れたものもすべて自らのオリジナルな創造物、「中国の特色ある」成果としてカウントする習性が、古き時代も今も生き続けていると言えるのだろうか。

「イニシアティブ」（主導性）という中国のこだわり

中国人の特徴的な気質の一つは自己主張が強烈であるということであり、常に自分がイニシアティブを持つということを極めて重大視する。仮に客観的には自分の立場が弱いと認識していても、その中でいかにしてイニシアティブを確保するかということに強くこだわっている。筆者は、ここではそのようなこだわりを敢えて「イニシアティビズム（主導権主義）」と名づけておく。

毛沢東の遊撃戦争戦略は、弱い自分が強い敵に向かい、いかにして打ち勝つかを練り上げた考え方であった。時間概念と空間概念をフルに活用しながら、逃げたり攪乱したりしてイニシアティブを確保しながら、徐々に有利な状況に転換させることを心がけている。すなわち

敵進我退（敵が進めば我退く）、敵止我撹（敵が止れば我撹乱する）

敵避我撃（敵が戦闘を避ければ我これを攻め）、敵退我進（敵が退けば我進む）

この発想は、見方を変えれば自己の狙いを限定し、そこにおいて限定的にイニシアティブを発揮するということである。これは日本との戦争に典型的に見られた。

こうした考え方は戦争に限らず様々な面で応用されている。第二次国共合作で連携した国民党との間で、1945年8月末以降、共産党はどのような形の戦後処理、「統一中国」を実現するかが重要議題になった。当時、国際社会でも承認されていた中国を代表する政権は中華民国政権、

すなわち中国国民党が指導する政権であった。共産党も1936年以来、西安の北方に位置する陝甘寧辺区《せんかんねいへんく》（陝西《せんせい》省・甘粛《かんしゅく》省・寧夏《ねいか》省の省境一帯）に特別政府をかまえ、当時は抗日八路軍と呼ばれる軍隊を保持していた。大雑把に国民党と共産党の全国レベルでの勢力比を行ってみるならば、国共内戦開始直前の46年6月で、4対1、あるいは5対1の状態であった。しかも国民党はほとんどの大都市を掌握し、また軍隊に関して国民党側は米国やドイツの性能の高い軍備の支援を受けた上に、投降した日本軍の近代的装備のほとんどを接収しており、数字以上の差があったと推測できる。

こうした状況の中で45年8月末から88日間に及んだ蒋介石・毛沢東のトップ首脳会談（重慶会談）で毛沢東がギリギリのところで譲歩しなかったのは、辺区政府及び八路軍における共産党の主導権についてであった。蒋介石は何としても辺区政府及び八路軍を中華民国政府の直接の指揮下に置きたかった。しかし結局、名称のみ中華民国の支配下に入ったが、これまで統治していた部分の指導権は譲らないことに共産党は成功した。このことが3年後の共産党と国民党の勢力の大転換につながる第一歩だったのである。

自分が相手に対してまだ弱い時には、可能な範囲・期間において可能なイニシアティブを取るということを最重視する。最大のポイントは自分がイニシアティブを持っているかどうかであった。中国には「圏子《チュエンズ》」という「我々の世界」と言えるような独特の場・空間が想定されている。独特の濃い人間関係を「関係《クァンシー》」と表現するが、「圏子」はいわば「関係」の束ということができよう。

様々な動向や現象を見ていると、中国の指導者にとってイデオロギーとか物理的な有利さなどよりも、自分がイニシアティブを発揮できるかどうかが重要なようである。自分の影響力の発揮できる領域・空間をここでは「影響圏」ないしは「勢力圏」と表現しておこう。

主権とか領土とか、国境などについて中国は極めて厳密に主張しているように見えるが、最大のポイントは主張する領域、空間において自分がイニシアティブを握っているか、発揮しているかどうかである。国境ラインとか領域をめぐり、イニシアティブを持続的に握っていることが実感できれば、口ではともかく相手側に対して比較的柔軟になれる。しかし自分がイニシアティブを握っていない、あるいはそれが不安定であると実感すれば、それを確実に握る口実として主権、国境、領域などをしつこく主張するのが特徴的である。以上のような特徴を、筆者は前述のとおりイニシアティビズム（主導権主義）と表現している。

自分たちのイニシアティブが否定されると感じた場合、決して服従とか妥協を受け入れず、徹底して対抗する、または相手を自分の意に従わせようとするのが中国である。２０１９年から２０２０年に続いた一連の「香港騒動」では、香港の住民たちが中央政府の意向からますます離れていくことを実感したために、一段と強硬な対応に出て行き、自らのイニシアティブの再構築を試みたと解釈できるのではないだろうか。

「中体西用論」は「中国の特色ある」の原型

19世紀の後半、西洋列強諸国が優秀な科学技術を背景とした先進的で強大な軍事力によって、頻繁に清国に侵入を繰り返すようになった。国家は危機に瀕し、中国のエリートたちはいかにして救国するかを考え実践を試みるようになっていた。

こうした中で洋務派の若手官僚たちから出てきた考え方が「中体西用論」である。最初の提唱者は馮桂芬《ふうけいふん》であったが、最も有名なのは李鴻章《りこうしょう》と並ぶ清末の大官僚・張之洞《ちょうしどう》であった。彼は『勧学篇』の中で「今中国を強盛に導き中学（中国の学問）を保持しようと望むのなら、西学を学ばないわけにはいかない。しかしながら、まず旧学によって土台を固め、見識、思考を高くしておかなければならない、…新学、旧学を合わせて学ぶ。四書五経、中国の歴史・制度などは旧学であり、西政、西芸（技術）は新学である（『原典中国近代思想史』第二冊）。

伝統的思想にこだわり、それを中国人の根本思想（体）として設定する。そこには中国のオリジナリティへのこだわりが見られる。西洋思想は技術・制度・法・経済などあらゆる分野で、富国・強国を目指す思想的武装の手段として活用（用）しようとしたものであった。このように見ていくならば、近年の儒教をはじめとする伝統文化の再評価、あるいは毛沢東、鄧小平の時代から強調されてきた「中国の特色ある…」「中国式あるいは中国型」といったフレーズと、「中体西用」の考え方が重なり合ってくるのである。

毛沢東の場合を見ていくと、建国直後から彼は「ソ連に学べ」ということをしきりに強調するようになっていた。「向蘇一辺倒」（全面的にソ連に頼ろう！）は当時使われた有名な言い方である。しかし上述したように、中国型マルクス主義として、「毛沢東思想」も同時に強調されていたのである。その後、中ソの対立が激しくなると自分が世界の社会主義諸国の盟主であるかのような振る舞いを始め、独自の世界観・戦略である「三つの世界論」を掲げるようになった。ここでは社会主義国であるか否かよりも、反帝国主義、反植民地主義を掲げ、現存する超大国による秩序にチャレンジングであるかどうかが、敵味方を分ける最大のポイントとなっていた。そして世界の最大の脅威＝主要矛盾をソ連社会帝国主義と位置付け、毛沢東はすでに当時、弱体化しつつあると見ていた米国をも巻き込んで、ソ連対決の戦略を展開した。結果的にこの戦略が成功したか否かは別として、毛沢東が自らのイニシアティブで世界を動かしたことは確かであろう。

続く鄧小平の場合、まず経済発展最優先の方式を取り、そのために外国企業からの直接投資、技術導入を積極的に受け入れ、市場化を推進した。しかしながら党によるイニシアティブを堅持するということこそが重要であった。漠然とした概念であるが「社会主義市場経済」というネーミングでイニシアティブ確保の枠組みを設定していた。さらに鄧小平は、香港返還を平和的に実現するために英国と交渉し、「一国二制度」方式を用いて実施することを約束した。中国という一つの国に、大陸では社会主義制度を、香港では資本主義制度を併存させるという方式である。

確かに香港でも経済的自由のみならず、限定付きではあるが政治的自由も保障される状態が続いた。ただし香港に共産党の出先機関を設置し、また人民解放軍の部隊も配置することになり、独立の動きは厳しく制限されていた。

筆者は経済特別区や一国二制度の構想も、必ずしも鄧小平のオリジナルな発想だとは考えていない。日中戦争の開始に際して、全国を代表する政権であった蔣介石の指導する中華民国政権は、当時共産党が支配していた陝甘寧《せんかんねい》労農ソビエト政府のような地域政権の名称を中華民国陝甘寧辺区特別政府といった名称に変更し、共産党の指導権を承認した。これはまさに国民党主導下の「一国二制度」であった。同時に同地域内では、共産党主導のあらゆる活動を承認した「特別区」でもあった。鄧小平はおそらくこの経験を共産党主導に逆転させて「一国二制度」論を提示したのであろう。歴史を踏まえておくことは重要である。

中国社会を特徴づける「曖昧さ」

「曖昧さ」をめぐる問題は、何も政治世界に限定されたことではない。中国問題を考えるに際して、「中国的特色」という表現がしばしば耳に入ってくる。例えば、「中国の特色ある近代化建設」「中国の特色ある制度としての一国二制度」「中国の特色ある社会主義市場経済」などなど。これらは確かにそれぞれ、「中国的特色」と言ってもいいほどのオリジナルなものであるといえよう。しかしながら、その中身はどういったものかを問うならば、しばしば漠然としていて曖昧な回答しか返ってこない。

例えば、「一国二制度」とは何かを問うてみると、「ひとつの国に社会主義制度と資本主義制度を取り入れること」といった答えが返ってくるだろう。しかし中身は様々である。一つの国とは無論、中華人民共和国をさすが、この国家の存在を前提としても、習近平体制の前には自由な経済活動は言うまでもなく、出版、結社、表現の自由、限定付きではあるが選挙の自由も基本的に保証されていた。しかし今日なお「香港は一国二制度」であると言いながら、国家・党への忠誠が強く求められ、政治的自由は厳しく管理され、経済活動にも一気に制約が強まってきた。

「社会主義市場経済」という表現も、本来は資本主義的とみなされていた市場経済方式を、社会主義体制下でも積極的に取り入れることができる、という画期的な概念であった。しかしながら社会主義市場経済の概念自体は極めて曖昧であると言わざる得ない。公有制を主とすることで社会主義の枠組みが維持され、その中で私有制が容認されるのがそれなのか。今日では民間企業としてのハイテク、ＡＩ産業の生産力が圧倒的であり、鉄鋼、エネルギーなど従来の基幹産業はほとんど歯が立たない。こうした中で共産党の指導というタガをはめることが、社会主義の堅持ということなのだろうか。今もなお曖昧なままである。しかし、「曖昧な制度」としての中国型資本主義という概念を遺作として残した加藤弘之は、「曖昧さ」をある種の強みとして捉え、以下のように論じている。

「近代化が進めば、制度化が進んで〝曖昧な〟領域も消滅する、と考えるのが主流派の考えだろう。しかし、「公でもない私でもない」領域がかえって優位性を持つ面もある。企業組織のように経済成長を追求する地方政府、民営企業と共存競争する国有企業などが高度成長に貢献した点は「曖昧な制度」の優位性を表している。…制度化が進んでも残存する中国的特質としての「曖昧な制度」に対して、我々は十分に注意を払う必要がある」（前掲書、44頁）。

筆者は、加藤のこの指摘にほぼ全面的に同意すると同時に、この考え方は必ずしも経済に限定することなく、政治・社会・国際関係など全領域にわたって見いだすことのできる中国的特質であると考える。

２０２１年第13期全人代常務委員会第25回会議で可決（1月22日）され、2月1日に施行された中華人民共和国海警法問題を取り上げてみると、核心的な部分で曖昧さを残している点を見抜くことが重要である。筆者は中国当局がそれを意図的に戦略的に行ったものと考えている。例えば第21条では、「外国の軍用船舶及び非商業目的使用の外国政府船舶の我が国が管轄する海域での我が国の法律、法規に違反する行為に対し、…海警機構は強制退去、強制曳航などの措置を講じる権利を有する」とある。

しかし、「我が国の管轄する海域」とは具体的に何を指すのか、内水なのか、領海なのか、排他的経済水域なのか、大陸棚なのか、はたまた近年自分たちが独自に「我々の海」と呼ぶようになった範囲なのか。どこまでを含むのか説明がなされておらず、全く不明である。例えば、国連海洋法条約によれば、①いずれの国も、基線から測定して12海里を超えない範囲で領海の幅を定める権利を有する。②沿岸国の主権は、領海に及ぶ。領海に対する主権は条約等に従って行使される。③すべての国の船舶は、領海において無害通航権を有すると規定されている。しかし、この海警法は、国際情勢における自分の有利・不利に応じ、政治的判断を加えながら、時には国連海洋法条約を無視して独自に、「管轄する海域」の範囲の決定を下す根拠を提供するかもしれないのである。なんと曖昧な中国の領域・領海概念であるのか。

しかしながら、習近平時代は、こうした曖昧主義のもとで微妙なバランスを取りながらイニシアティブを発揮していくといったこれまでのやり方が次第に放棄され、強硬な方式で目標の実現を図る方向に転換している。2013年に習近平が唱え始めたいわゆる「一帯一路」建設の戦略は、米国イニシアティブの比較的弱い、中国から西側の広範な一帯を対象として経済建設を行い、やがては安全保障協力をも構想している。実現するか否かは不明であるが、中国のイニシアティブが発揮できる、広大な地域共同体の建設を目指しているものといえよう。たしかにそこには、まだ中国固有の文化・思想を普遍的なものにまで高めている段階とはとても言えないものの、主体性をもって「体」としての影響力を強めていくという意欲がにじみ出ている。そしてそれは紛れもなく自らの主導性（イニシアティブ）を堅持し続けていくという意志を示しているのであろう。

これらは、自分にとって大事な部分でメリットがあると判断できるなら、他の面で譲歩することはいとわないという中国人の功利主義的な発想とも重なり合うものがある。例えば、検索サイト最大大手の百度《バイドゥ》の創業者・李彦宏《りげんこう》の以下のような講演の一節がある。「中国の消費者はプライバシーが保護されているという前提において、…それと引き換えに便利なサービスを得ることに積極的だ。…アリババグループが展開する信用スコアの芝麻《ジーマ》信用は、ユーザーの金融能力を点数で評価します。この時、ユーザーが提供する情報が多ければ多いほど、情報の信頼性が高まり点数もアップします。…スコアが上がれば、様々な便利なサービスが使える他、融資や分割払いの限度額がアップします。データを渡せばそれだけ多くのメリットがあるのです」（梶谷・高口 54－55頁）。

まさに、安定した秩序を保障してくれることによって自分の希望する利益もしくは目的の実現が保証されるならば、多少の不自由はあっても安定した秩序の実現を支持する考え方、これは今の中国においてかなり一般的な現象だろうと思う。そして、自分の目的実現は何か、そのために何ができるか、利用できるものをいかに利用するかを考え、実践することこそ、イニシアティビズムの実践なのである。

第五章　国家戦略としての中国モデルの模索

はじめに　西側モデルを目指した近代化戦略の挫折

中国はポスト毛沢東時代に入り、40年を超える経済の高度成長を持続し、また色々な混乱はあったにせよ、基本的には政治社会の安定を維持してきた。さらには大幅な軍事力の増強に伴い、国際社会における地位の向上と発言権の増大が顕著になってきた。そのことによってこれからの時代に、中国が何をしようとしているのかは、世界の多くの人々の関心事となっている。そこで、ここでは中国の総合的な力量をどのように判断し、さらに将来的な展望をどのように見ていけば良いのかについて考察しておきたい。

まず1つは、中国の政治動向である。政治体制をどのように考えるか。2つには、今日の中国の力量、当面の具体的な戦略を含めてどのように見たらいいのか。3つには、若干米中関係に触れながら、アメリカが特に力を入れている対中攻勢を含め、米中戦争の可能性あるいはパックスシニカの可能性を考える。そういったかなり刺激的な議論が多いわけであるが、それらの点を要約的に見ていき、その後の議論につなげていくことにしたい。

中国が改革開放路線を推進していく1979年ごろからの流れを概観して、決して中国は最初から単純に独自の道を歩もうとしていたわけではないことを確認しておきたい。ある意味で鄧小平が権力を握った最初の段階（1978年〜88年）では、いかにしてヨーロッパあるいはアメリカ、日本をモデルとしながら中国の近代化を進めていくかにこだわっていたのであった。1980年代の時期、改革推進にあたって、いわゆる経済体制改革と政治体制改革を同時的に追求すべきであることが強調されるようになっていた。

中国の改革を理解する上では、しばしば経済が優先され政治改革は無視されてきたというふうな見方が一般的であるが、80年代を見ると全くそうではない。特に胡耀邦が党の総書記に就いたころから、彼が失脚するまで、あるいはその後の趙紫陽執政の時期、天安門事件の直前までは、鄧小平をも含め「経済改革は政治体制改革とともに進めてこそうまくゆく」のだという見方が主流であり、力説されていたのである。5年に一度開かれる党代表大会のときに総書記が政治報告を行うことが慣習化されている。

1987年の第13回党代表大会の報告は、改革派の趙紫陽が党総書記として政治改革を行った。その報告の中には、政治体制改革方案が盛り込まれたが、キーワードは「党政分開」であった。これは党と行政の機能・役割を分離することを意味し、もっとも具体的な内容としては「対口部」の廃止である。「対口部」というのは、要は行政の組織のある部署、例えば財政に関する部署があればこれに対応した部署が党にもあり、党が全て行政の、例えば財政、外交、経済、文化、治安などの部門をコントロールする。これに加えて各部門に「党組」という組織があり、各級の党委員会から出された政策や指示をどのように当該の組織に反映させるかという役割を担うものであった。党の行政・企業などへの指導の貫徹は、このように「対口部」と、「党組」によって保障される。こういった組織を徐々に廃止し、近代的な公務員制度にしていこうという動きが、実は具体化しつつあったわけである。

筆者はちょうどこの時期に北京の日本大使館に勤務しており、まさにこの時から政治体制改革の議論が盛んに展開されるようになっていた。当時の知識人たちの間には、中国で本格的な民主化が始まるのではないかという、ある意味で興奮した雰囲気があり、私もこの空気に触れることができた。だから、中国が本当にこの時期に政治改革をやろうとしていたというのはよく理解できる。ところが、まもなくいろいろな議論が噴出し、特に「党の指導」をめぐって深刻な対立が生まれてきた。加えて経済も、失業者の増加、物価の上昇、経済不正の増加などいろいろな形で行き詰まった状態になっていった。そういう中で、政治的な問題として民主化推進派と権威主義独裁派の対立が深まってくる。これが天安門事件につながっていくのである。

ほぼ同じ時期にソ連と東欧社会主義諸国の崩壊によるパラダイム（認識の枠組み）の転換が起こった。他方、中国では天安門事件を境に、政治改革と経済改革を同時に推進していこうという考え方から、政治を抑えて経済改革を優先する方針がクリアになった。鄧小平がこのような立場を鮮明にすることによって、その後の中国につながっていく方向性が定まっていったということである。鄧小平は自らのつくりあげた体制が崩れることを非常に警戒し、政治改革優先の試みを「和平演変」と呼んだ。

西欧モデルの放棄と疑似市民社会の挫折

天安門前後の政治動向に関して鄧小平は以下のように分析した。「和平演変」を起こす要因として「大気候」と「小気候」がある。大気候というのは国際情勢、とりわけ米国及び西側諸国からの共産党一党体制の否定、政治的多元主義の導入の動きであった。そして小気候というのは国内情勢、特に「共産党指導の堅持」を否定しようとする動きが重大であった。こういった大気候、小気候の連動によって民主化勢力が台頭してきていると判断した。小気候を推進したカナメに趙紫陽がいたために彼を失脚させ、上海のトップで経済改革は積極的にするが政治に関しては一党体制を強く堅持していく姿勢を持っていた江沢民を、後継者に抜擢した。鄧小平及び長老たちは「共産党体制の堅持」が優先されるべきと考えた。以後、そういった姿勢が貫かれるようになった。

天安門事件の引き金ともなる興味深い出来事があった。天安門事件の前年、テレビ・ドキュメント「河殤《かしょう》」が放映されたことである。「河」は言うまでもなく黄河＝中国文明の象徴を意味し、「殤」は成長しきらないままに死ぬことを意味する。したがって「河殤」は伝統的な中国文明が、成熟を見ないまま衰退していったという意味が込められていた。蘇暁康《そぎょうこう》ら当時の中国を代表する文化界の人々が協力して、中国の４０００年の歴史、政治のあり方などを全面的に否定し、近代化に乗り遅れた中国をいかに再建させるかをテーマにしたドキュメントであった。当時このＴＶドキュメントは、党員、知識界、青年層に大変な話題を引き起こした。趙紫陽総書記はこのドキュメントを積極的に評価し、王震《おうしん》ら長老グループ、保守思想界は激しい批判を展開した。結局、論争に決着がつく前に天安門事件が起こり、趙紫陽等改革派のグループは打撃を被って、中華文化を積極的に誇示する保守派層が息を吹き返したといえよう。

ただし政治体制改革グループの中に王滬寧《おうこねい》、蕭功秦《しゅくこうしん》ら新権威主義を主張したグループがいたが、彼らは経済発展を重視する段階での積極的な民主化を批判して、中国は新権威主義が必要なのだということを強調している。新権威主義というのは、次に見るいわゆる中国型の開発独裁と理解してよい（「権威主義」については第三章で詳述）。この場合には、全体主義体制から民主主義体制へ移行する過渡期の体制という意味で、権威主義体制が位置付けられているということである。筆者は、王滬寧とも会って直接議論したことがあるが、やはり彼自身も最終的には民主化を考えていた。しかし、今日の中国の政治体制というのは、そこからも基本的なずれが出てきていることを認識しておく必要がある。

江沢民の体制が天安門事件から言えば12年間続き、その次に胡錦濤体制に移行する。胡錦濤を支えた共産主義青年団は、中国の公定組織の中では比較的リベラルな組織であった。これを長く実質的に指導したのが胡耀邦で、続いて天安門事件で失脚した胡耀邦の後継者であった胡啓立《こけいりつ》、胡啓立の後継者が胡錦濤で、3人の胡という人が続いた。胡錦濤も比較的リベラルな人である。そして温家宝も趙紫陽の秘書を長いことやっていて、胡錦濤の総書記と併せて国務院総理になった人である。胡錦濤プラス温家宝体制と呼ばれた。こういったリーダーがトップに出てきて、共産党の指導体制の雰囲気としては、下からの民主の動きも肯定されるようになり、徐々に開かれた政治参加が広がっていった。もちろん、共産党体制を前提とした秩序の維持は変わらなかったが、リベラルで開放的な雰囲気が社会に広がっていったのである。

こうした漸進的な政治改革を思想的にリードした一人が兪可平《ゆかへい》であった。胡錦濤のブレーンとも言われた人で、当時は党中央編訳局の副局長という比較的地位の高い人であった。習近平時代になって冷遇されているようで、党中央の組織から外され北京大学の教授になっている。当時（2006年10月）、彼は「中国青年報」という共産主義青年団の機関誌に発表した「民主とは良いものである」というタイトルの論文で、民主は普遍的価値なのだ、そして中国もその普遍的価値の実現に向かって努力しようと主張していたのである。この時期、筆者は天安門事件の後遺症が12〜13年後になってようやく癒されて、中国が再び民主化に向かう正常な流れが戻ってきたと思った。

新しい状況は経済の急激な成長によって、いわゆる階層構造に大きな変化が生じ、中産階級的な人がかなり増えてきたことと、さらには農村から都市へ農民工と言われる人が大量に移動し始めたということが根本的な理由となっている。階層構造の変化や農民工の都市への移動のスケールは大変大きなもので、資料を集め調べた数字で言えば、都市に移動した農民工は大体３億人ぐらいであった（拙著『中国政治の社会態勢』岩波書店）。こういったまさに構造的変化が、２０００年代に鮮明になっていったのである。

さらに、非政府系の情報・コミュニケーション・ネットワークの広がりが顕著になっていた。市民運動とかＮＧＯがすさまじい勢いで勃興していった。この典型的なものはたぶん、２００８年に四川の大地震があった時、学生をはじめ青年がボランティアで四川に行って、自分たちで救済活動をやり始めたことであろう。もっとも、このような若者のボランティア活動はまもなく共産党の規制を受けることになる。つまり現地に赴くことのできる若者は、共青団あるいは学生連合会の承認を得た者のみに限定されるということであった。

ほぼ同じ時期から、インターネット、ＳＮＳが急激に発達してきて、普通の人々が直接事実を知る機会が増えた。例えば、上海～温州高速鉄道脱線事故（２０１１年７月）、すなわち上海と温州を結ぶ新幹線が脱線事故を起こしたときに、地元の共産党の幹部が党員を動員して埋めて隠してしまった事件である。その状況を見ていた一般市民が携帯電話で動画を撮影し、全国に流した。党政府に対する非難が高まる中で、結局最終的には鉄道省が廃止されるというところまで行ってしまった。そのほか大連、厦門《アモイ》など急速に経済発展が進む地域で、環境破壊につながる工場の誘致による水、大気、土壌などの汚染が深刻化し、公害問題となり、市民の行動や世論の声が活発化していく。

これらの事例からも明らかなように、SNSなどインターネットが権力暴走のチェック機能を果たし始めた。SNSによって、事件そのものの事態を進展させる一因となりはじめた。問題を明らかにし、広く公開し問題解決に取り組む活動の中で非公式メディアの果たす役割が極めて大きくなってきているのである。そして2006～11年頃には、例えば有名な活動家の多くは独自のブログをつくって、次々と社会問題に対する自分の意見を発表するようになった。そして、そこに多数のフォロアーが集まるようになり、一挙に膨大な世論を形成するほどにまでなった。ソーシャルメディアの急激な普及は社会意識の変化を促し、徐々に中国の政治変革に影響力を広げているかに見える。

このような視点から、大きく様相が変わってきた社会、急増するメディアの役割に対して、それらをどのように扱おうとしているのかといった権力当局の動向が注目されるようになったのである。共産党当局も、市民・民衆の発言、行動をある程度受け入れざるを得なくなっていた。2007年の共産党第17回全国大会の胡錦涛「政治報告」では、言論・表現の自由には強い拘束を維持する一方、知る権利、意見表明の権利（表達権）、監督する権利の強化を容認した内容を盛り込んでいた。NHKメディア研究部の山田賢一は、インターネットの時代の中国を期待も含めて次のように語っていた。

「ブログやミニブログが普及すると、誰でも発信できることや読者の反応も掲載されるという双方向性などが若者を中心とした市民の強い支持を集め、今や中国メディアにおける主流の座を伝統メディアから奪い取る勢いである。こうした中国のニューメディアについて、２０１２年７月に日中メディア交流事業で来日したブログジャーナリストにインタビューすることで、中国のメディアがより自由なジャーナリズムを目指して変わりつつある現状を明らかにした。こういった一種の〝自由化〟は、…極端な民族主義、具体的には「反日」に向かうリスクも否定できないが、中国のニューメディアで活躍するジャーナリスト達の多くは、政府当局の統制の中でも真実の報道に向けたゆまぬ努力を続けている」（『放送研究と調査』２０１２年10月号）。

権力の暴走や不正のチェック・メカニズムを共産党内だけでつくることは、そもそも困難である。これまで指導者が幾度も腐敗撲滅・汚職一掃のかけ声をかけたがいっこうに改善されてこなかった事実が、そのことを証明している。腐敗・汚職の解決を可能にする非公式ではあるが新しい動向として、ソーシャル・ネットワーク・サービス（ＳＮＳ）の活発な活動が目を引くようになってきた。その使用目的についても通信とニュースの取得・検索が全体の八割を占め、主にＳＮＳを通じて情報を得ているという（中国インターネット情報センター統計）。結果、ソーシャルメディアが徐々に自生的に、非権力者＝市民・民衆の権力に対する監視と批判の力となり、政策決定過程に反映させることによって、チェック・アンド・バランスのメカニズムが機能するようになってきたのである。

しかし、党中央は強気の姿勢を崩さなかった。第一章で述べたように、２０１３年１月に「南方週末事件」が起こり、当局による強力な言論統制が始まり、その後まもなく、劉雲山《りゅううんざん》政治局常務委員（思想宣伝担当）の下で思想的引き締めとソーシャルメディアに対するコントロールが一段と強化された。２０１３年5月11日の香港『明報』紙によると、党中央は内部通達として「七不講」（議論してはいけない七つのこと）と呼ばれる指示を全国の大学に向けて発した。前述のようにその中身は（1）人類の普遍的価値、（2）報道の自由、（3）公民社会、（4）公民の権利、（5）党の歴史的錯誤、（6）権貴（特権）資産階級、（7）司法の独立となっており、ここ十数年来の言論統制としてはもっとも厳しい内容となっている。

もちろん中国において「言論の自由」を求める人々は決して少数ではなく、こうした当局の締め付けにもかかわらず、さまざまな対策を講じてこうした封じ込めの壁を突破しようと試みている。しかし、権力者の締め付けは予想以上に強固で、ネット、ブログ管理には多くのトレーニングを受けた大量の人員を配置し、少しでも党批判につながる議論があれば、チェックしてアカウントを削除するなど、厳しく取り締まるようになってきた。また、必ずしも党指導を否定してはいない穏健な政治改革論者の主張でさえ、内容によっては直ちに逮捕、拘束されるといった事件も頻発するようになっている。

筆者は当時それを、劉雲山宣伝部長の地位が上昇していたことから、彼の後ろ盾と思われていた江沢民の影響力の反映と理解していた。しかし今日から見るとそれはまさに習近平の思想体質の反映であった。しかも「七不講」の中身を見れば、（5）党の歴史的錯誤と（6）権貴（特権）

資産階級を除いた（1）人類の普遍的価値、（2）報道の自由、（3）公民社会、（4）公民の権利、（7）司法の独立とは西欧社会で生まれた価値観、政治思想の理念そのものであった。民主、自由の価値、それらを体現する公民（市民）社会、それを擁護する考え方としての権利（人権）とシステム（司法の独立）の否定は、少なくとも改革開放以降、あまり聞かれなかった主張であった。欧米思想VS中国伝統思想という枠組みが形作られ始めた、まさにスタート地点であったと言えるかもしれない。

そうした対決の姿勢を鮮明にしたのが、2013年8月19日、党中央全国思想宣伝工作会議でのことだった。習近平は「イデオロギーにかかわる取り組みは党のきわめて重要な取り組みの一つである」とイデオロギー管理の重要性を力説し、その上で「インターネットが世論闘争の主戦場となった」と語ったと伝えられている。その後、各職場では習近平発言の徹底がはかられた。イデオロギー統制は胡錦濤時代に比べると予想以上に厳しいものとなった。

思想宣伝工作会議の転換点として、それまでの微博（中国版ツイッターのようなSNS）の発信数が7万2481本だったのが6万5126本と10％余り減少し、さらに政府系メディアの発信する微博の本数が民間オピニオンリーダーの発信数を上回るほど国家の力が増大した（古畑康雄『習近平時代のネット社会』勉誠出版、2016年）。このように「8月19日講話」以降のメディア統制によって、影響力のある民間のオピニオンリーダーへの圧力が強まり、西側的な民主、自由を求める声は急速に抑え込まれることになっていった。

2014年2月、インターネットを包括的に管理する「中共中央インターネット安全・情報化指導小組（中央網和信息化領導小組）」が発足し、習近平が組長に、同弁公室主任に魯煒《ろい》が就き、上からのメディア統制が本格化していった。同じ時期、習近平は思想統制の強化を図るために党中央政治局会議で「社会主義の中核的価値観」の育成と発揚を力説した。さらに、同年5月4日、「五四運動」記念の日に習近平は北京大学に赴き、五四運動の「愛国、進歩、民主、科学という精神」を「社会主義の中核的価値観」に結び付けてその発揚の必要性を訴えた。本来「五四運動」は徹底した反儒教であったが、習近平はこの演説の中で儒教の古典を多数引き、中核的価値観が「中国の優れた伝統の文化の遺伝子を受け継いでいる」として、彼の主張する「社会主義価値観」を中国の伝統思想から再生させようとする意図が明らかになっている。

その意味では、胡錦濤時代に彼のブレーンとも言われ、中国の目指す民主が世界の普遍的価値と一致するものであることを強調した兪可平らが、習近平時代に冷遇されるようになったのにも通ずるところがある。

「民主化の新たなモデル」とも言われた烏坎《うかん》村での新選挙―幹部の交代―腐敗の撲滅の動きに関してはその後、事態は順調に進んではいない。2016年には市当局は1000人以上の武装警察・機動隊を導入し、外部から烏坎村に人や車両を入れないようにして村を孤立させ、外への情報流出を遮断した。同村の民主化は定着するどころか、市政府当局による弾圧を余儀なくされている。噴出する社会問題解決のための下からの民衆運動も、習近平政権の登場によって大きな壁にぶつかっているかのようである。1989年の天安門事件の挫折以来、少しずつ息を吹き返してきたように見えた中国民主主義への胎動が、再び大きな曲がり角に立たされていることは明らかであろう。

2017年11月、第19回共産党大会が開かれ、第二期習近平政権のスタートとなった。「習近平は党の指導的核心」、「習近平の『新時代の中国の特色ある社会主義』思想」は党規約に盛り込まれ、指導部陣営は「習近平一色」に塗りつぶされ、言論の自由も一段と封じ込まれる気配にある。

中国独自の政治体制パラダイムの模索

そこで、習近平体制は中国独自のパラダイムを明確に模索し始めるわけである。

それを私なりに解釈すると、そもそも改革開放の当初は欧米の民主主義に対するある種のあこがれを持って、欧米型の近代化を進めていくのだと言っていた。しかし、考えてみれば欧米の民主主義自体が揺らぎ混乱し始めて、今の状況が生まれている。英国の離脱をはじめEU自身にも問題もあるし、中東なども、例えばアメリカが父のブッシュの時代にイラクを攻撃し、フセインを打倒して民主主義的な自由の体制を作ろうとしたが、これがまさに混乱している。あるいはエジプト・チュニジアをはじめとする北アフリカにも無秩序な状況が生まれた。中国エリートの間で、欧米民主主義の混乱を目の当たりにして、終局目標としての欧米出自の民主主義体制に疑問が強く出てくるようになった。

中東、北アフリカ、さらには米国自身のこの間の国内対立の激化、治安の不安定化などによって、制度化による社会安定の実現、つまり西欧的な「法治」に対して、中国は疑問を抱き始めた。Rule of law を歴史的に見れば、その経験が中国の歴史の中にはほとんど欠落している。ある意味で春秋戦国時代のようなアナーキーな状況、『三国志』のような大混乱をしばしば歴史的に経験し、清末以降、中華人民共和国建国前までも戦乱、混沌の連続であった。それに対して「大一統」、つまり「一つにまとまる」という求心力が働く王朝的な体制を善しとする。王朝的な体制の基本は人治であるから、そういう意味で法による統治という経験が決定的に欠落していたのである。

今日の中国における政府の支出は、実は社会治安に使うほうが軍に使う資金よりも多い。一般的な認識では、中国はひたすら軍事力を増強しているという側面ばかりに目を奪われてきたのだが、実は国内の治安、公共安全対策のほうが多いのである。特に習近平がトップになった2012年以降、その二つが逆転している。そして2015年で2倍近い膨大な資金になる。力による社会の安定に、いかに力を入れているかということがわかる。

先述した中国の独自の政治発展のパラダイムについて、もう少し掘り下げて見ておきたい。その中で、少し極端というか典型的な主張だけを紹介しておく。まず伝統の再評価だが、その典型は新儒家と言われる人々である。第1章ですでに紹介したが、康暁光の『仁政』と題する書の中で彼は、主権は人民に属するが、統治権は人民にはない、統治権は「新儒士共同体」＝党にあると強調している。もちろん、これは共産党に共通した認識ではないが、党が絶対的に指導権を持つと主張していることから、論理的にも治権は党もしくは党幹部にあることになる。執政者が自らの正統性を人民に問う手続きはないという点で、伝統的な皇帝体制と共通している。指導者の正統性は政策面で成果を上げる、執政能力を示す、歴史的に正統とみなされてきた政権との継承性がある、といったことで判断されるようである。さらに同じ新儒家として知られる杜鋼建《とこうけん》は、儒教憲政主義を唱え、政治体制改革において自由人権を保障する憲法体制を樹立するには、儒家の新仁学の考え方が不可欠の道であると力説している（「儒家仁学憲政主義之我見」唐普主編『大国策』人民日報出版社、２００９）。

これらをまとめて興味深い指摘を行ったのが、シンガポール大学東アジア研究所の所長を経験し、現在は中国大陸に戻って活動をしている政治学者・鄭永年《ていえいねん》である。筆者も会ったことがあるが、北京大学を出てから海外のいろいろなところで仕事をした人で、特に長くシンガポール大学で活躍し、今は習近平のブレーンの一人とも言われている。この人の表現は、非常に言い得て妙だということで紹介しておく。

「大一統」とは一つにまとまることが優れているという意味であるが、これは皇帝権力の考え方として、古くからの儒教文化の核心の一つとなっている。これは、共産党の考え方とも実は非常に共通している。儒教的統治を支える考え方は賢人政治論であり、共産党にもこのような考え方が存在している。しかし、共産党には伝統的な権力にはない面がある。皇帝権力には民主化はないが、党権力では現代の中央集権を基盤とした上で民主化があり得る。

だが、実はこれは西欧の民主とは違う。西欧の民主は政治問題を外部化することを通して問題の解決を図る。外部化するというのは、筆者の解釈であるが、例えばメディアを使ったり、多党政治でいろいろな野党からの意見を出し論争させて、そうして問題を明らかにし、その上で問題解決を図ろうとする。中国はそうではなく、現代の中国の党権は政治過程を内部化する。実は中国の政治過程というのは、一般には一党独裁だから上が全部決めてしまうと理解されていると思うが、しかし、実は内部においてはかなり激しい討論・論争をし、練っていく過程がある。そのように内部化されたプロセスを通して問題解決を図る。外部の人には見えないが、内部の人から見れば相当徹底して議論を行うので、これ自体が民主的だと理解しているのではないか。党権こそ中国政治の核心——内部化の状態を保証し、領導する役割を持つ——で、これを理解しないと中国政治は理解し難いということを言っている。

先述したように筆者は１９８０年代の終わりに北京で勤務をしていて、外交官という特権を使ってチベットと青海省以外の中国全国を回り視察した。そして、それを通して感じたことを理論化することを試みた。そこで中国社会は実は一つの色に塗られない断層社会だということを強く感じるようになり、それを「４つの断層性」という言葉で要約した。もちろん、断層性というのは完全に関係性を絶った状態ではなく、層と層の間にはある種の「曖昧性」が存在している。

また全く断層の構造が変わらないということを言っているのではない。人間の社会であるから、変化はある。しかし、例えば第1に、幹部と民衆の断層性があり、第2に、ここでは関係（guan xi）――これをリレーションと理解したら間違いで、ヒューマン・ネットワークと理解すべき――と制度の断層性があり、第3に都市と農村の断層性、第4に政治と経済の断層性が存在し、それぞれ相互の関係性から中国政治社会の動態的な構造的特徴を見る必要がある、と考えたのである。

この4つの断層性を軸として今後の変化というものを見ていくと、ある程度中国の変化の構造が見えるのではないか、というのが筆者の仮説的な見方であった。政治と経済の断層性とは、本来政治と経済は相互依存、相互作用の関係にあり、経済状態がしばしば政治の動向を左右するものである。しかし中国の場合、天安門事件以後、「経済は開放、政治は引き締め」の例が見られる。もともと毛沢東の大躍進政策に見られるように、本来経済の必要性から打ち出されるべき政策を、政治のロジックで決定してしまうといった現象が、一般的に見られる。

それから、都市と農村の断層性以前の閉鎖的な村落共同体は、改革開放を通して市場化が進み大きく変貌した。しかし、やはり両者の構造的な格差、都市戸籍と農民戸籍、地域による戸籍差別が、いまだに存在し続けているということである。それによって社会的な地位、あるいは活動の範囲が非常に制約されている、あるいは人々の意識が制約されていることが問題である。

幹部と大衆の断層性については、すでに触れた儒教思想が根底にある。関係と制度との断層性

について も、中国特有の持続的な動乱状況が、ルールや法律に基づいて物事を処理する、という手続きの芽を摘んできたことによる。

中国の政治体制に関する変容の問題は、欧米の一般的な体制移行論では説明できない幾つもの固有の特徴を有しているのであり、そこは歴史とか伝統文化のファクターを取り込みながらもオリジナルな解釈をする必要があるのであろう。

小康社会の完成に向かう経済建設

経済の近代化建設の計画はどうなっているのか。この計画に関しては、2035年を目標としての小康社会の全面的な完成がある。小康という言葉は、中国語と日本語では全く逆である。日本語では「小康状態」と言われるように、小康とは悪くなるのを何とかとどめている状態を言う。中国の場合は、良い未来があり、それに向かって徐々に良くなっていくその過渡期の状況をいう。この小康の設定があり、さらに、第13次5カ年計画、16年から22年の経済建設を推進しているのであるが、その政策方針の中心にあるのはイノベーションの発展。それから調和とバランスということを特に重視している。生態系・環境の保護などを含めたグリーン経済の発展、開放に向けてのウィンウィンの実現などである。きれい事にも見えるが、国際社会が抱えている課題にも積極的に目を向けるようになってきたことは、望ましいことである。

ＡＩに関しては、「ＡＩ２０３０」という、ＡＩ産業を２０３０年に世界のトップにするための新たな国家戦略計画が出てきている。ＡＩを積極的活用したハイテク機器の開発に集中する、つまり中国が国家戦略としてこれらの企業に推進させ、成長させるということが見られるようになってきた。これらの取り組みの規模も、桁外れの規模である。第1段階で1兆元、第2段階で5兆元で、第3段階では世界のＡＩ核心センターになるということで10兆元、日本の国家予算を超えるか、あるいはそれに相当するような額が、インターネットＡＩに計画としてつぎ込まれているということである。

それから、最近のアメリカとの対立で大変問題になっていたのが「中国製造２０２５」である。米国が、中国はメイド・イン・チャイナと言いながら実際にはなかなかそうではなく、自分の国のハイテク技術を盗んでいると非常に強い批判を行っていた。しかし、中国が着々とそのハイテク産業を成長させているということも否定できない。日本経済新聞の報道によると、ＡＩスタートアップ産業が17年6月でアメリカに次いで2位、18年には逆転して1位を確保している。中国はいまや知財大国、イノベーション大国へと劇的に変貌しつつあると言えるのである。

基本的な国際認識としては、世界はまさに構造的な、あるいは歴史的な転換期に入ってきたと言っていいだろう。約百年続いたパックス・アメリカーナの時期をいつまでと考えるかは諸説あるが、最初のパックス・アメリカーナの始まりを第1次世界大戦と見るならば、ほぼ百年続いたといえよう。このアメリカの揺らぎが始まっている。深刻にそれを受け止めたトランプ政権が、エゴイズムむき出しで「アメリカ・ファースト」を言い始めた。挑戦者中国は、見た目は盤石の体制として確立し、「2つの百年」に向けて順調に伸展するかに見えてはいるが、現在の中国は内憂外患の状況に置かれている。最大の難関はやはり、バイデン政権も引き継いだアメリカの全面的な対中姿勢に、どのように立ち向かうのかということである。

2019年、対中製品への高課税に踏み切る少し前であるが、中国がアメリカのご機嫌を取っていけば、何とかうまくいくのではないかという期待はあった。二度目のトランプの訪中などでもお土産をたくさん持たせるようなこともやったわけであるが、アメリカの姿勢は極めて堅いままである（米中対立問題は後述する）。

それから、政治対立を越えたグローバル・イシューがどんどん増えてきた。要するに単純な冷戦にはならないが、今回の米中対立は、米中の対決としては明らかに冷戦的な対立で、これはそう簡単にはお互いが譲れない。パックス・アメリカーナからパックス・シニカに移行するかしないかという議論であるから、アメリカが簡単に認めるはずがなく、対決はかなり激しくなる。だがそのことで、他の国々が簡単にどちらかになびく行動をとり、世界が揺れながらそのように収斂《しゅうれん》していくということにはならないだろう。

以上のことを踏まえながら、中国の可能性を少し見ていこうと思う。第一に、食糧問題である。少し古い話題になるが、1994年にレスター・ブラウンが『誰が中国を養うのか』という有名な論文を『ワールド・ウォッチ』誌上で発表した。その論文の要は、２０３０年には中国に大変な食糧危機が起こるという警告である。第１のシナリオ、第２のシナリオという形で提起している。第１のシナリオは94年当時の年間一人当たりの穀物消費量３００キロで考えた場合、第２のシナリオは４００キロと計算した場合となっている。そして結局、いずれにしても中国では２億トンあるいは３億６０００万トンの食糧不足の状態が出現すると見積もる。非常に大変なことで、これをどうするのかが中国をめぐる深刻な国際問題になるだろうと指摘したのである。

だが、今日の状況を考えてみると、そのような問題は起こりそうにはない。中国の２０１９年の穀物生産量は6・6億トンで、16年連続の豊作が続いた。確かに食料自給率は２０００年の95％強から、２０２０年の76％と低下し、輸入量が増えているが、不健全な傾向と言えるほどではない。つまり、レスター・ブラウンの予測は全く外れたということである。さらに、食糧不足が起こる状態に対して中国側はいろいろな手を打っており、どれだけの規模なのかを具体的には示せなかったが、食糧増産大戦略として、１つは食糧合弁会社を周辺諸国に進出して設立し、生産をおこなっている。例えばベトナムとかカンボジアとかラオスとか、それからロシアのシベリア地域、こういったところに食糧合弁企業を設立し、中国の投資で生産し、それを中国が輸入するということをかなりやってきている。アメリカに対してもそうである。だから、そういう意味での中国の食糧問題は、今後危機にはならないのではないかという印象である。

２番目の難題としては、貧困格差の問題。この貧困格差の問題は確かに、中国においてかなり厳しいことが幾つかの調査から明らかになっており、例えば北京大学の調査あるいはスタンフォード大が行った調査もある。しかし、一つの流れとして見れば、農村部の貧困人口の推移は大幅に減少している。だから、世界の貧しい途上国の中で、貧困問題に関して比較的成果を上げている国の一つとして中国があるのも間違いではない。ちなみに習近平は、現行の基準（2020年では4000元以下）に基づく農村貧困人口の9899万人が全て貧困から脱却し、「貧困県」「貧困村」と認定されていた832県・12万8000村が全て貧困リストから除外され、地域的な貧困解決と絶対的貧困の撲滅が実現し、貧困削減の歴史上の奇跡になったと誇らしく宣言した。しかし2021年8月17日に党中央財経委員会を開き、習近平は「共同富裕の促進に関する問題」の講演をした。そこで改めて、金融の法治とインフラ建設の強化、信用体系の建設、金融リスクの識別・管理・処理を強化すべきことを力説した。共同富裕をめぐってはまだ克服すべき課題が多そうである。

3番目の問題は、エネルギーに関してである。エネルギーは生産構造が基本的に変わっていない。全エネルギー使用量中の石炭エネルギー使用は、長期間80％〜70％だったが、最近になって60％の後半という状況になっている。それに対して石油が増えている。それから、再生可能エネルギーも増えている。電源別発電設備容量の推移を見ると、2000年の段階ではやはり火力発電、水力発電が割合として多く、原子力がそれに続き、そして風力がわずかあるということだったが、これがここ約10年の間に変化を始め、とりわけものすごい勢いで風力発電と太陽光発電が

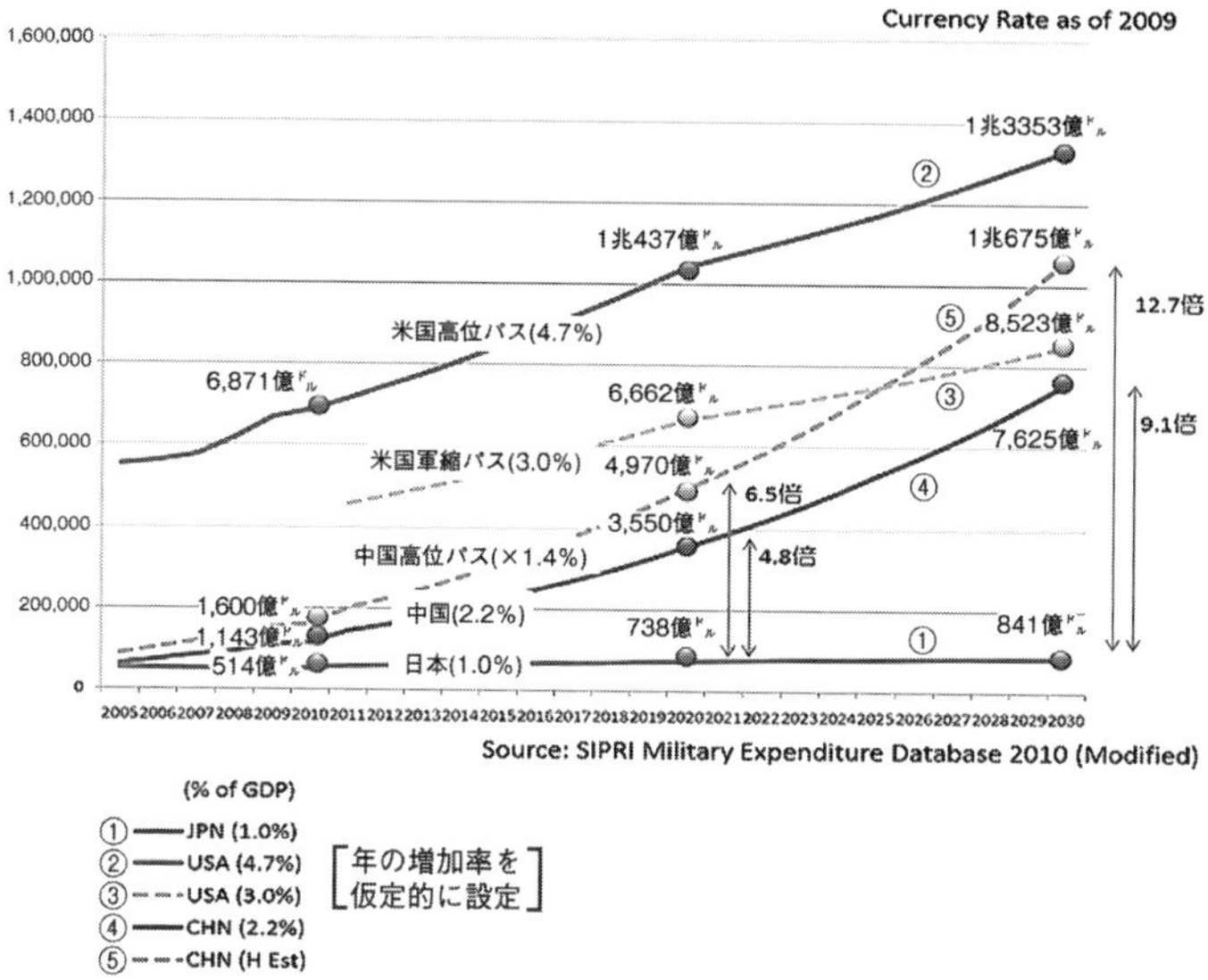

図4　日米中の国防費（防衛関係費）2010-2030年 予測

増加している。圧倒的に原子力発電を超えている。原子力発電の建設計画はかなり意欲的な計画が構想されていたが、その勢いは以前ほどに顕著ではない。やはり福島原発の問題も絡んでいるのかと思われる。それと風力や太陽光発電の安価な発電のめどが立ってきたことももちろん関係している。例えば環境問題、グリーンエコノミーを推進するのだというのが第13次5カ年計画にあったが、こういう形で具体的な発展の展望を見ることができる。

　次に、GDPによる経済力の展望を見ておきたい。2015年に行なったゴールドマンサックスの調査結果による、2030年の世界のGDPと人口、2050年のGDPと人口の予測がある。少し前の調査結果であるが、２０３０年で中国がＧＤＰで1位になると言われている。しかし２０２０年12月に英国シンクタンクＣＥＢＲは、ＧＤＰで中国は２０２８年に世界第1位になると予測した。ＧＳの調査では人口も２０３０年で14億人で1位になる。ＧＤＰではアメリカが2位、インドが3位に、日本は4位という数字が出ている。さらに２０５０年までスパンを伸ばすとＧＤＰは中国が52兆ドルで、アメリカの34兆ドルをはるかに超える。第3位はインドの31兆ドルと予測されている。人口はこの段階でインドが世界1位になると予測している。これが当たるかどうか、先ほどのレスター・ブラウンの食糧の問題と併せて考えなければいけないのだが、一応目安として以上のような予測が出されている。

それから、軍事力について言えば、アメリカはもちろん断トツの第1位であるが、中国は今のところ第3位、日本は第7位である。それを将来２０３０年までスパンを伸ばした数値で見ていく。図表はＳＩＰＲＩ（ストックホルム国際平和研究所）の予測データであるが、２０３０年で多く見積もった場合、アメリカは1兆３３５３億ドル、中国が1兆６７５億ドルである。少なく見積もったときでもアメリカと中国はかなり接近するという予測である。

日本は現在、５００億ドル強であるが、２０３０年には８００億ドル強に変わるだろう。しかし、その変わり方は平行線に近い。それに対してアメリカ、中国はクリアーな右肩上がりの形になっていくということである。

ただ、これからの中国は、このままの状態を続け限りなく肥大化していくのであろうか？　筆者はそうは思わない。２０２１年になって、アリババをはじめ巨大企業となったＡＩ産業に対して、習近平は本格的な締め付けを開始した。恒大《こうだい》集団の不良債務問題も中国経済に影を落としている。さらに今後の目標として「共同富裕」（皆で共に豊かになろう）と言うキーワードを使い始めた。このことが何を意味するのかは、考えるに値するポイントである。

第六章　伝統思想から見た中国の外交観

虚と実の外交

中国の洪停枃《こうていしゃく》・張植榮《ちょうしょくえい》は「中国外交の最大の特色の1つは務実主義と外交政策原則の相互協調にある」と指摘している（『当代中国外交新論』励志出版社、2004）。しかし例えば、毛沢東の外交を見ているととても「務実主義」といえるものではなく、対比的に言うならば「務虚主義」と呼ぶほうが適切と思われる場合も多々ある。

そもそも「務実」とは何か。「実」は「虚」と対照して、あるいは対句として理解される。虚は一般には日本語で使われる「むなしい」「空虚」といった意味ではなく、具体的に触れたり見たりすることはできないが、現に存在する実体、例えば政治、思想、理論、作風（活動姿勢）といった原則的なものを指す。これに対して実とは目で捉え触れることの可能な実体、例えば、経済や日常生活に見られるＧＤＰ、物価、貿易、金融、利益、環境破壊などの諸現象を指す。「務」とは「力を尽くして仕事や役目を果たす」ことを意味する。したがって共産党の会議の中で、「務虚会」「務実会」といった言い方が散見されるが、前者は政治、思想、作風など理論工作会議、後者は成長戦略、物価政策、環境問題などを議題とした実務工作会議として理解することができよう。

中国の政治や外交を考える場合、この虚の概念から理解しておくことは極めて重要である。例えば、毛沢東の発言や文章は、その時代にいつでも重大な影響力を持っていたのだが、それらを常に実の問題として受け止めていたら、認識の深刻な誤りを導いてしまう。米ソ冷戦時代に、ソ連の米国との平和共存を模索する態度をけん制して、毛沢東が「米帝国主義は張子の虎である」と発言したことは有名であった。これは敢然と戦う中国の意思を世界に発信したのであり、中国が米国を本当に張子の虎だと思っていると解釈したら大間違いになる。

もう1つの事例は、あの文化大革命である。毛沢東がいくら「プロレタリア文化大革命は人々の魂に触れる革命であり、わが国社会主義革命のより深く、より広い、新たな発展段階である」(「プロレタリア文化大革命についての決定〔十六条の決定〕」)と叫んでも、現実には「飢えと恐怖と暴力」に満ち溢れた破壊以外の何物でもなかった。しかし毛沢東は「虚としての文革」を演じ切ることによって国内外の多くの人々に畏敬の念と感動を与えたのであり、良し悪しはともかく、それはそれで客観的な意味を持ったのである。中ソ対立、米中接近などの重大な局面において、毛沢東や周恩来は「虚としての大国・中国」を演じ切った。

では外交行動の中で虚とか実はどのように現象するのだろうか。中国の外交行動を見るとき、「面子を重んじる」とか、「王道外交」とか、「尊大な振る舞い」、「第三世界」を重視する外交の時の対外経済支援（自国が貧困であるにもかかわらず）といった表現や行動をよく耳にする。資源確保、国力増強など直接国益に結びつく外交を務実主義と理解するのに対して、こうした外交行動の原理は「務虚主義」と表現することができるだろう。「務虚主義」的な外交ビヘイビアは、おもに国家と国家の間の外交的な「立ち位置」をめぐる態度で、実利には直接関係ないが重要な外交行動の要素になっている。

外交行動の判断基準――型と利

中国人のビヘイビア（行動様式）を理解するうえで、彼らの基本的な判断基準として「型」と「利」を設定し、その内実と関係性から理解することが重要である。ここではまず、「型」と「虚」、「利」と「実」の関係に触れておかねばならない。筆者は「虚」の実践を追求する先に、言い換えるなら「虚」の目標として「型」の実現を考える。それゆえ務虚の外交は「型の外交」、すなわち外交原則とか、自らの立ち位置、姿勢・態度に直接関わり、あるべき型に導いていく外交と見ることができよう。これに対して「実」の実践の目指すところは、「利」の実現である。務実の外交は「利の外交」、すなわち経済利益、エネルギーなどの海洋権益、安全保障のための連携など国益に強く関わる外交である。

「型」と「利」に関して少し掘り下げてみておくならば、日本人のビヘイビアも「型」と「利」を基準に見ることができる。余談であるが、おそらく欧米人、イスラム世界の人の場合、この「型」にあたるものが宗教的な「価値」、あるいはイデオロギーになるのではないか。中国人と日本人を比較してみると、同じ「型」と「利」を基準としており、一見共通したビヘイビアを持つかのように思われるが、その内実が異なっている。

中国の場合の「型」は、権威あるいはそれを軸とした権威的関係・枠組みによって形成されている。これに対して日本の場合の「型」は制度、規範、ルール、手続きによって形成されている。もちろん中国の伝統文化、とりわけ儒教思想の影響を強く受けた歴史背景もあるゆえに、日本に中国的な権威主義の発想がないなどというつもりはない。しかし日本では古くは日本自身が育んだ自然観、仏教思想、近代以降の欧米思想などが混成しており、儒教思想自体を相対化し、咀嚼して吸収している。江戸時代の「武家諸法度」「公家諸法度」などは権威の相対化による制度化といってよいだろう。「混成文化」をもとにした「スーパー・フラット」社会としての日本を主張する青木保の論は、このような意味で説得力を持っている（講演「日中『文化力』の時代」）。したがってスーパー・フラット社会における「型」としては、権威的な枠組みではなく、制度、規範、ルール、手続きが重んじられることになる。

これに対して中国の場合、もちろん制度や規範などが無視されているわけではないが、まずは権威の認識とそれによる立ち位置の形成が優先される。皇帝と王、家臣の関係、あるいは華と夷の関係、それを基本にした華夷秩序は権威主義的な上下関係に基づく「型」の典型といってよいだろう。

建国以後にも、このような権威的発想から外交関係を作る発想が見られる。１９７０年代に「三つの世界論」を主張するようになった中国は、自分自身をまず米ソの第一世界支配に対抗するアジア・アフリカなどの第三世界に属し、その先頭に立つと規定し、具体的な外交行動をとろうとする。あるいは１９７９年2月の中越戦争は、明らかに相手の国力あるいは国益を破壊する本来的な意味での戦争ではなく、従来の権威的な関係、信義を破壊したベトナムを、「懲罰」あるいは「膺懲《ようちょう》」するということを理由として決断したものであった。言い換えればそこにあるのは実利的理由ではなかった。

さらに「利」をめぐる日中比較を行ってみると、日本は昔から横並びで隣を見ながら苗を植えていく「田植志向」など、他者を強く意識して自己を考える、位置付けるという性向が強いといわれてきた。それは学校教育での「みんなと一緒に何かをする」「みんなの中での自分の役割」といった思考にも反映している。つまり意識的にせよ無意識的にせよ、何らかの共同体、共棲空間のようなものを想定し、その中で生きることに生きがいとか安心感を抱くのである。言い換えるなら、他者を意識して自己の「利」を考えるという意味で「利他」であると言えよう。

これに対して中国にも村落共同体があったが、基本的な性格が日本の場合と異なるといわれる。華北地域では繰り返される戦乱によって、華南地域では海外への人的流出によって地縁的、地域空間的な共同体はほとんど広がっていかず、家族、親族、特別の緊密なつながりによって形成される人間関係のネットワークとしての共同体であった。それは一般には相互扶助的な「圏（子）」として今日まで生き続けている（園田茂人『中国人の心理と行動』NHKブックス、2001年）。

では「型」と「利」はそれぞれの国においてどのような関係を持っているのだろうか。中国の場合、エリート層と一般庶民の間ではまずウエートが異なると考えられる。前者は「型」を重視し、後者は「利」に重きを置く。『論語』にある「君子は食を語らず」は前者の事例である。もちろん傾向性として言っているのであって、いずれも「型」と「利」の要素は混在している。「利」はもちろんそれぞれの努力によって得られることが基本ではあるが、「利を得る」重要な手段として、権力者との間に特別な「関係」をつくることが重要である。ルール、規則に基づいたとしても利の獲得が可能となる保証はほとんどない。

これに対して日本の場合、もちろん利の実現のために権威的関係を持つことは無意味というわけではないが、基本はルールであり手続きである。例えば個人的な利の実現のためにある有名大学に入ろうとする。その場合、大学の学長との関係を持ったとしても入学に十分に効果があるとは限らず（むしろ不正入試ということで危険でさえある）、やはり入学試験というルール・手続きを通らねばならない。こうしたプロセスを通して大学という規範的共同体に参加することになるのである。

〈型―利〉と〈虚―実〉から見た外交行動

そもそも「型」と「虚」、「利」と「実」の関係をどのように考えたらよいのだろうか。繰り返しになるが、「虚」は、目に見えない抽象的な実体（思想、理論、法、風格など）であり、その実践の行き着くところ、すなわち虚の目標こそ「型」であると言える。例えば、個人のレベルでは「作風」であり、国家のレベルでは「政治体制」であったりする。これに対して、目に見える具体的な実体（経済、生活、格差、軍事など）としての「実」の実践は、何かを求める、得る行為であり、実のめざす目標こそ「利」である。例えば、経済的な実の実践は経済成長（GDP向上）という利、兵器装備の充実は軍事力の向上、外交行動の積極化はエネルギー資源の獲得という利の実現である。

「型」と「利」の関係でいえば、利の向上を通した総合国力の増強が自らの立ち位置を変えるという意味で、利が型に影響を及ぼすということは言える。確かに、自らを「弱国」と位置付け「韜光養晦《とうこうようかい》」（力を隠し内に力を蓄える）の外交路線を堅持してきた鄧小平時代から、国力を大幅に増強し「G2」を主張するようになった今日の習近平時代では、「型の外交」の持つ意味は大きく変化してきた。しかし型は、単に国力との関係で変化するものではなく、客観的な国内国際的な状況認識と、伝統思想、歴史体験、国家としてのあるべきあり方、将来像などを合わせ包み込んだ主観的な自己認識などから導かれるものである。

〈型―利関係〉と〈虚―実関係〉

◎「虚」＝目に見えない抽象的な実態（思想、理論、法、作風など）⇒虚の目標＝型
　「実」＝目に見える具体的な実態（経済、生活、格差、軍事など）⇒実の目標＝利

①型重視（利軽視）⇒虚の大国主義を演出＝毛沢東外交―軍事力は本当の戦争のための手段ではなく、大国外交を演ずる手段

②利重視（型軽視）⇒実の小国主義の認識から実の大国を追求＝鄧小平外交―「平和と発展」に徹する（天安門事件のG8経済制裁への対応［韜光養晦＋義和団論＝歴史的屈辱］、平和台頭論批判への対応）

型と利の重視⇒「虚と実」の大国主義＝習近平の外交⇒G2論、尖閣問題をめぐる最近の対日態度（型の関係を強調）

図5　虚（型）と実（利）にこだわる中国外交

以上のような問題の整理を踏まえ、次頁の「表」を参考にしながら中華人民共和国時代の指導者の型と利をめぐる外交行動の特徴を見ていくことにするが、その前に、民国期について若干コメントをしておく。

　長期にわたる国内的な混乱と繰り返される外国列強の侵略によって、「型」も「利」も軽く扱われた時代として民国時代を位置付けることができる。蒋介石の指針となる『中国の命運』（1943年3月に出版）では、アヘン戦争以来の近代史を「国恥」の時期と表現し、「近百年中国の国勢陵夷し、民気消沈し、5千年来未曾有の変局を開いた。民族生存の要求する領域は割裂の痛苦を受け、不平等条約の束縛、圧迫は国家・民族の生機を喪はせた。各方面において再生の基礎は毀滅せられ、復興の根源は杜絶しようとしている。それは

実に歴史に先例のないところである」と表現している。それは前述したが、鄧小平の外交ブレーンといわれていた陳啓懋《ちんけいぼ》（上海国際問題研究所所長）が表現した「小国に外交なし」である。

これまでの指摘から明らかなように「利の外交」とは、安全保障、経済発展、エネルギー資源の確保など具体的な国益の実現を目指し優先し、時には力を用いて現実主義的にその実現を図る外交であるといえる。これに対して「型の外交」とは自らの立ち位置、相手国との関係にこだわり、時に相手側に対する強要も含み、自らをそのような位置、関係として振舞おうとする外交態度・行動である。歴史に表れた中国の外交実践をこのような角度から見ていくと、どのように説明できるのだろうか。

	型ー軽	型ー重
利ー軽	民国時代（小国無外交論）	毛沢東時代（革命外交）
利ー重	鄧小平時代（韜光養晦）	習近平時代（大国志向）

毛沢東に見る「型と利の外交」

中華人民共和国が成立して以来、1976年まで毛沢東が外交の全体を統括し、周恩来がそれを補佐する形で中国外交は運用されてきた。今にして思えば、この毛沢東が統治してきた1970年代後半まで、中国の経済水準は1950年代初めのレベル、もしくはそれ以下という極めて貧しい国であった。軍事力も1964年の原爆実験、67年の水爆実験の成功はあるものの、それ以外は旧式の軍隊にとどまったままの状態であった。

それがなぜ世界で注目を浴びるような、華々しい外交を演じられたのか。「実力」から見れば解けない問いである。それがまさに、「実」の極めて脆弱な状況の中で「虚」の大国として自己主張をし、それを演じたということである。言い換えるなら、実利的な意味での「利の外交」ではなく、「型の外交」を演じ切ったということではないか。もちろん毛沢東や周恩来といったそれを演じる卓越した能力のある「俳優」がいたことに、「型の外交」の成果を上げた最大の理由があるだろう。しかし、まずは中国外交行動の中に「型」と「利」、「虚」と「実」を区別する外交行動の伝統思想があったことを認識しておくべきであろう。

1950年代の米ソ冷戦時代を見ておくならば、1950年2月、中ソ友好同盟相互援助条約が結ばれ、以後大躍進路線を主張するようになるまで、中国自身は「向ソ一辺倒」(「すべてソ連に学べ」)路線を外交の基本方針とした。厳しい国際環境の中で誕生したばかりの中華人民共和国をいかに存続させるかという問題が喫緊の最重要課題であった。スターリンのソ連に心の底では不信感を抱きながらも、毛沢東はソ連陣営に入る決断をした。これはまさに国家の安全保障という課題、すなわち「利」を重視した結果であった。

しかし既にふれたがその後、中国はソ連を「老大哥《ラオターガー》」（尊敬する長男）と称したのに対し、自らを忘れずに「老二」（次男）と表現し、ソ連に次ぐ中国を印象付け、東欧など他の社会主義諸国に対しては自らが上位であるという意識を明らかにした。そこに「型」にこだわる外交姿勢を読み取ることができるのである。

１９５４年には周恩来・ネルー会談を開き、社会主義中国と資本主義インドとの間で「平和共存５原則」に合意した。翌55年には第一回アジア・アフリカ会議と呼ばれるバンドン会議でこの考えをさらに発展させた。第一章で既にふれたが、周恩来はこの会議で主役的な脚光を浴びたといわれる。そしてバンドン会議の動きはやがて米ソ両陣営のいずれにも組みしない、いわゆる「非同盟運動」へと発展したのである。中ソの関係がすくなくとも表面的には「極めて良好」であったこの時期に、なぜ中国指導部がこのような行動に出たのか。唐突でもあり不可思議でもあるが、この問題はこれまで深く追及されてこなかった。

しかし、近年の研究では毛はバンドン会議の成果を党指導部内で「中間地帯論（１９４６年３月、毛沢東がA・ストロングに語った世界情勢分析と戦略）による考え方の成果だ」と指摘したといわれる（牛軍「重建〝中間地帯〟：中国亜洲政策敵縁起［１９４９－１９５５年］」『国際政治研究』２０１２

年代2期)。中ソ対立が徐々に深刻化していく大躍進期の1959年に、毛は「中間地帯論」を再び語りはじめ、中ソ対立が顕在化した64年に『人民日報』社説で、世界に向けて華々しくそれを再提唱した。このことは、自らの立ち位置を明確に変更したことを意味していたのである。

すなわち毛沢東は1946年の「中間地帯論」の提唱以来一貫して、米ソを主役とする冷戦枠組みを本音では認めたくなかった。しかし安全保障をソ連に依存せざるを得なかったことや、社会主義の盟主スターリンの存在に挑戦できなかったことなどから、冷戦の枠組みを受け入れ、暗に自らをそして中国を社会主義陣営内の「ナンバー2」に位置付けた。

だが、スターリンの死後、ソ連の権力を掌握したフルシチョフは米国との平和共存の道を探り始めた。革命経験では自分のほうが先輩で、しかも革命の道を放棄したフルシチョフに代わって世界革命を推進する指導者・毛沢東は、世界の革命を支援する中国をアピールするタイミングを計った。1957年11月のロシア革命40周年の記念式典こそ、それにふさわしい舞台と考えたのかもしれない。毛沢東はここで、米ソ平和共存路線に傾斜するフルシチョフをあざ笑うかのように、「東風(社会主義陣営)が西風(資本主義陣営)を圧倒する」という有名な演説を行った。大躍進政策はこの意味で毛の野心を実現するための「富国強兵」戦略であったといえるかもしれない。

「米国に白旗を上げ共存を模索する」ソ連に対し、毛は中国こそが反米帝国主義・民族解放闘争を進めるアジア・アフリカ・ラテンアメリカ諸国の中心に立たねばならないと判断した。毛は文革に突入する直前の1965年1月10日に「第二国連の創設」を提唱した。さらに文革のさなかの67年7月に「わが国はたんに世界革命の政治的な中心であるばかりでなく、軍事上でも技術上でも世界革命の中心となり、……世界革命の兵器工場とならねばならないのである」と主張し、「世界革命の中心」という自らの立ち位置を明確にしたのである（『毛沢東思想万歳（下）』［邦訳］三一書房、1975年）。かくして文化大革命の期間、ベトナム戦争はじめインドシナ人民の闘争、コンゴ、アルジェリアなどアフリカ人民の闘争、ラテンアメリカ人民の闘争などを積極的に支持し、それらの指導者たちを北京に招き、自ら世界の人民闘争の中心的な役割を演じた。それは「利の外交」ではなく、まさに「型の外交」であった。

毛沢東の「型の外交」を体系化したものが1974年2月、カウンダ・ザンビア大統領との会見で明らかにした前述の「三つの世界論」であった。世界を事実上支配している米ソ超大国（第一世界）に対抗するもっとも革命的な世界勢力としてアジア・アフリカ・ラテンアメリカ諸国（第三世界）と規定し、自らを第三世界に属し＝発展途上国の先頭に立つと位置づけた。「三つの世界論」は同年4月の第6回国連資源特別総会で、出席した鄧小平中国代表によって世界に向けて公に発信された。これは毛沢東および中国が、第二次世界大戦後の国際社会についての共通認識であった冷戦構造を、自らすすんで放棄したことを意味し、同時に第三世界を軸にした反覇権主義闘争（米ソ超大国反対闘争）の中心に立つという自らの立場を鮮明にした、つまり「型の外交」を実践したのである。

しかし、当然ながら毛は「型の外交」のみを実践していたわけではない。この時期世界を驚愕させた最大の出来事といえば、「ニクソン・ショック」、すなわちニクソン米大統領の北京訪問、毛沢東との会談による「米中接近」である。確かに中ソ関係は1969年3月の珍宝島における中ソ武力衝突以降悪化の一途をたどり、中国はソ連を「社会帝国主義」と誹謗するまでに至っていた。しかし、それにしても社会主義中国が、その最大の「敵」である資本主義陣営の頭目の米国と手を組んで、社会主義ソ連を打倒しようとするとは、と多くの人々は驚きとショックをかくせなかった。しかも反米帝国主義・民族解放闘争の象徴的な意味を持つベトナム戦争がなお収束する見通しのなかった1972年に、敢えてニクソン大統領を北京に招き、「米中接近」を演出したのである。

なぜか。米中接近には、まさに中国という国家自身にとって直接的に安全保障を脅かす超大国ソ連、さらには第三世界を軸にした「革命の中心」を脅かす超大国ソ連への対抗という、「利の外交」の意味があったのだ。「利の外交」は徹底したリアリズムに基づいているように見える。よく言われるように、この時の毛の外交はまさに「敵の敵は友」であり、それはお互いに社会主義を標榜しているか否か、形式上「同盟関係」にあるかどうかはお構いなしの、徹底したリアリズムであった。

しかし、このことでもって毛沢東外交には実はイデオロギー的要素はないとか、あっても極めて低い位置におかれたと判断するなら、誤解を生むだろう。本章の冒頭でも指摘したように、中国人や日本人には欧米的意味におけるイデオロギー的価値観は弱かったが、かりにイデオロギーを「虚」とか「型」に置き換えてみるならば、中国の外交行動は単純にリアリズムでは説明できないのである。

繰り返しになるが、毛沢東のここでの外交行動は、まず「中間地帯論」あるいは「三つの世界論」によって自らの立ち位置＝「型」を定めたうえでの、徹底したリアリズム、すなわち「型の外交」の実践であったのである。

鄧小平に見る型と利の外交行動

毛に対して鄧小平の外交はどのように論じられるのか。もちろん型へのこだわりも見られる。鄧小平は復活の当初においては、１９７４年に国連で堂々と「三つの世界論」を演説したことから、外交路線では毛沢東路線を継承したことを表明した。１９８０年代の終わりには「新国際政治経済秩序」の構築を提唱し、それを推進する自己の立ち位置として、世界の趨勢に最も強く影響する国を米ソ中の３大国と規定し、いわゆる「大三角」論を主張するようになっていた。しかし間もなく「大三角」論を言わなくなり、「韬光養晦」路線に立脚することとなるのである。「韬光養晦」とは、《旧唐书《くとうじょ》・宣宗记《せんそうき》》の中で用いられてきた表現で、『三国志』にも出てくる表現である。

一般的には「爪を隠し、才能を覆い隠し、時期を待つ戦術」を意味する。

その後の鄧小平の発言や行動を見るならば、基本的には「利の外交」、すなわち「実」の実践ということができるだろう。1989年に起こった天安門事件直後の彼の発言は、鄧の外交の基本的な考え方をよく表しており、その後の中国外交の基本姿勢となっていった。そこで鄧小平は、「人権・民主化弾圧」と激しく非難し、経済制裁を科した西側先進国に対して、正面から反論、対決することを避け、まず「冷静観察、穏住陣脚、沈着応付」（物事を冷静に観察すること。足場をかためること。沈着に対応すること）と指示した。さらに、「改革開放路線は変えない」、「平和と発展こそが堅持すべき外交方針である」などと、まさにその後の外交のキーワードとなった「韜光養晦」の姿勢を示した。しかし同時に、義和団事件後の処理を思いだし「今回の経済制裁に加わった国は、オランダとオーストリア・ハンガリー帝国とカナダ、オーストラリアが変わったがちょうど北京議定書の8か国連合軍のメンバーと同じだ」と、歴史的屈辱感を露わにしており、中国人としての強い民族的感情で天安門事件への先進国の対応を受け止めていたことがわかる（『鄧小平文選』第三巻、人民出版社、1993年）。

1989年から1991年にかけて冷戦崩壊、ソ連国家の解体、イラク戦争と国際政治が激変するなかで、中国は自らの立ち位置を明確に変更した。鄧小平の「二十四文字指示」、いわゆる「韜光養晦の外交」であった。さらにほぼ同じ時期に、より鮮明に自らの立ち位置を示したのが、「十二文字指示」、すなわち「兵臨城下、敵強我弱、以守為主」（軍が戦のために城に向かった時、敵が強く我が弱いと判断した場合は、防御を主とするべきである）の指示であった。自らを「弱い」立場と認識したうえで、「韜光養晦」に徹して「利を求める外交」姿勢を採ったということである。ここでの「利」は何よりも、経済発展・近代化であり、そのための改革・開放路線の推進であった。「冷戦後」が進んでいく1990年代に、中国が国際構造の特徴と今後の国際情勢を加味して、あるべき指針として強調するようになったのが、いわゆる「多極化論」であった。そして多極化論と並行して盛んに言われるようになったのが、「国の大小、強弱、貧富を問わずすべての国が公正、合理、平等である」という外交指針であった。そこには自らを「弱い」と位置付けたうえで、一国覇権を進める米国に対抗しようとする外交指針と見ることができよう。

いくつかの事例を見ておこう。1995年、飛躍的に経済力を増大させた台湾では、蔣経国《しょうけいこく》死後、初の本省人総統となった李登輝《りとうき》によって、急速に国際社会でのプレゼンスを回復させていた。李は有利な情勢を背景に同年6月、「非公式」という条件付きではあるものの、「米国訪問」を実現した。このことが中国当局を強く刺激した。7月下旬から中国は『人民日報』紙上などで、「分裂を鼓吹する自白」（7月24日）、「両岸関係を破壊した罪人」（7月27日）など李登輝への激しい個人攻撃が繰り広げられた。

続いて秋から翌96年3月にかけて、台湾では初の住民直接投票による「総統選挙」活動が実施されたが、その間台湾海峡付近で中国軍の大規模な軍事演習が続けられた。もちろん李登輝に代表される「台湾独立勢力」への牽制が第一目的であったが、米国・日本など国際社会への警告の意味も含まれていた。しかし3月下旬の人民解放軍による激しい軍事威嚇に対して、米国は第七艦隊の空母ニミッツとインディペンデンスを台湾海峡に派遣し、中国を武力で牽制した。国交正常化以来はじめての米中の軍事衝突の危険性も高まる軍事的緊張状態であった。「台湾問題」がまさに米中関係を左右する重大問題であることを、世界に示したのである。

しかし米の強硬な姿勢と台湾の「中国へのノー」の意思表示を前に、中国はより強い態度でこれに立ち向かったのではなく、まず米国との積極的な関係改善を図った。7月に入りレーク大統領補佐官の訪中、またARFでの米中外相会談の実現など積極的な関係改善の動きを見せた。これに対して、第一期政権で対中外交が揺れ動いたクリントンも、前向きな対中外交姿勢を示した。すなわち第二期に入って、コンテイン（封じ込め）よりもエンゲイジ（包括関与）を重視するブレーンを集め、中国からの関係改善の呼びかけに積極的に応じたのである。双方は「協力関係を強める」ことで一致した。3月の両国の緊迫した事態を考えると、関係の急速な修復であった。

それを踏まえ、1997年10月末に江沢民の訪米が実現した。ここで米中首脳ははじめて両国関係を「戦略的建設的パートナー」と表現し、そうした協調の枠組み作りが本格化したのである。

翌98年6月、今度はクリントンが訪中し「パートナーシップ」が再確認された。北京大学で行ったクリントンの特別講演は、超満員の学生らを魅了し、テレビでも大きく報じられた。さらにクリントンは最後の滞在地・上海で、台湾の国際活動を規制したいわゆる「三不主義」（台湾の独立、「二つの中国」もしくは「一中一台」、主権に絡む国際機関への台湾の参加にノー）に言及し、中国を喜ばせた。この2年間の米中サミットに象徴される両国関係は、「21世紀に向けた米中協調の新時代」の到来を予感させるものであった。

しかし、米中関係はそれほど単純ではない。１９９８年の後半、中国当局は中国民主党結成など民主化を求める動きを徹底的に弾圧し、封じ込めた。米国はこれに不快感を示した。99年に入り、コソボ紛争などで混迷するユーゴへの米国主導でのNATO軍の投入に、今度は中国が批判的態度を示した。そして米軍機が駐ユーゴ中国大使館を爆撃し死者が出るという事件が起こった。中国民衆の反米感情はいっきに盛り上がった。

さらに今度は米国で中国人による米ミサイル技術「盗用疑惑事件」が暴露され、反中感情が高まった。しかしここでも中国当局は民衆の反米感情を抑え込む方向で事態の収拾を図った。まさに「韜光養晦」路線を踏まえた「利の外交」の実践であった。

その後、米中関係はG・W・ブッシュの登場によって、一段とギクシャクした関係に陥った。２０００年の大統領選挙中から、G・W・ブッシュはクリントンの「対中パートナーシップ」を批判し、「中国はコンペティター（競争者）だ」と主張しつづけてきた。中国は警戒感を強めながらも２００１年1月、大統領就任後ただちに父ブッシュと旧知の関係にある楊潔篪《ようけつち》を駐米中国大使に任命した。さらに3月には銭其琛《せんきしん》副総理を訪米させるなど、積極的に協調関係の構築を求めてアプローチしてきた。

しかし4月、海南島上空で米偵察機と中国空軍戦闘機の衝突事故が発生し、中国パイロットの死と米軍機乗組員の強制抑留により、米中関係に緊張が走った。中国は米国に対して「謝罪」を要求し面子を確保しようとしたが、米国は容易にこれに応じなかった。しかし乗組員を人質にとられている米国は、人民解放軍パイロットがこの衝突で死亡したことに米政府当局が「非常に残念である」と表明したことで、不十分ながら謝罪と解釈し、原因究明、賠償問題などを議論することなく事件の幕を引いてしまった。これらの中国当局の行動は、「台湾」「安全保障」など極めて重大な核心的問題であるだけに、本来であるならばもっと強硬に出ても不思議はなかった。しかし、実際行動としては極めて抑制的なものであった。ここでも米国に対する「韜光養晦」の実践が見られた。

このような姿勢はニュアンスの差こそあれ、胡錦濤時代にもはっきりと見ることができる。例えば2003年11月に、胡錦濤の外交ブレーンといわれた鄭必堅《ていひっけん》が、中国の経済・軍事力の膨張によって国際社会の対中警戒・脅威感が増大する中で、中国の発展を「平和台頭（和平崛起）」であると表現した（『文汇报』2004年3月21日）。もちろんそれは警戒・脅威感を和らげる意図から表現したものであった。しかし、米国などの西側先進国は「台頭」という言葉自体が既存の国際秩序の変更を含意しており、それに対するチャレンジャーであると危険視した。これにたいして中国は、「平和台頭」にこだわって弁明したのではなく、あっさりとこの表現を公式の外交文書から外し、従来用いてきた「平和と発展」を用いることを表明した。おそらく面子にこだわり「型」を重視する外交であれば、中国は引かなかったであろう。

「韜光養晦」方針の転換と「大国外交」の台頭

そして今日、指導者・習近平の政権において中国は再び「型」にこだわり始めたように見える。現政権の外交政策に一定の影響力を持つ、リベラル派国際政治学者である北京大学国際関係学院副院長の王逸舟《おういつしゅう》は、まさに「大国外交の風格」について次のように主張している。「第一に、大国の風格を持つ外交は、現実における単なる強権政治とは決して同じではない。……第二に、大国の風格を持つ外交は大げさに自己主張するようなものではなく、……真の大国の風格とは内実がしっかりしており、力強い内部体制や総合的で抜群の国力、外部から受ける幅広い声望などの要素と、それらの相互作用によって形成される風格である」。そして、中国はなお真の大国の風格を備えていないと厳しく自己認識をしている（王逸舟［天児慧・青山瑠妙訳］『中国外交の新思考』東京大学出版会、２００７年）。もっとも王逸舟の指摘は２０００年代前半の時期で、大国であることを本気で意識する直前でもあったが、まさに大国外交としての「型」へのこだわりであった。

そして近年の強い大国意識を踏まえた「型」を主張するようになったのが「Ｇ２論」である。これまで中国は、これからのあるべき冷戦後国際秩序を多極化論から説明していた。これに対し、今日では米中によるＧ２（二大国）論を主張するようになった。これをためらうことなく積極的に主張しはじめた学者は、閻学通《えんがくつう》である。彼は２０１１年９月の日経新聞のインタビューに答えて、「今日の国際社会は一文字で表せば『乱』である。先進国だけでなく、中東でも衝突が続く。

……しかし、国際社会の趨勢を見れば多極化ではなく、米中二極化に向かっていると言えよう」(『日本経済新聞』２０１１年9月4日)。

さらに２０１２年12月に、閻学通は習近平外交を胡錦濤外交と比較しながら次のように語っている。「今後10年間の外交政策はこれまでと全く異なったものになる。従来は米国の一極支配だったが、これからは中米の二極体制に移行していくからだ。中国はこれまで以上に安全保障上の問題に直面する。……経済利益よりも安全保障利益を優先することになるだろう」(『朝日新聞』２０１２年12月12日)。これは明らかに冷戦後一貫して中国自身が主張してきた「多極化論」に基づく世界秩序構想とは異なっている。閻学通は胡錦濤期の日中21世紀委員会の中国側委員でもあったが、外交政策における強硬派の代表的な存在になっている。

このような外交姿勢の変化は、既に触れてきた鄧小平の「韜光養晦」路線の微妙な、しかし重大な変更の中に見ることができる。すなわち経済力・軍事力の強大化に伴って、政治指導者、ブレーン、学者、青年らの間に大国主義的意識の高揚を感じ、「韜光養晦」は放棄すべきだとの意見が散見されるようになった。２００９年7月、こうした声を受けながら召集された第11回駐外交使節会議において、胡錦濤は「堅持韜光養晦、積極有所作為」という指示を発した。これは鄧小平路線を守りながらも、外交姿勢を一段と積極化することを意味した。同じ時期に開かれた米中戦略経済対話では、むしろ米国オバマ政権のほうが「米中時代」の到来を演出し中国をその気にさせた感がある。

さらに、南シナ海周辺諸国との間では、領土領海をめぐり「核心利益」を主張して厳しく対立した。日中関係では、２０１０年9月の中国漁船の海上保安庁巡視船衝突事件で、在北京の日本大使を真夜中に呼び出し、あらゆる分野での交流・観光の中断など極めて強硬な外交姿勢を示した。その後、中国当局の基本姿勢として12年9月の「尖閣国有化」宣言以降、「現在、『韜光養晦』が使われるのは、米国に対する姿勢を言う場合に限られる」と強気の表現に変わった（『朝日新聞』２０１２年10月5日）。

対外強硬派の閻学通は、前述の『朝日新聞』のインタビューの中で、中国が堂々と大国として振舞い、そのことを日本を含め他国が受け入れよと主張している。「大国と小国とではそれぞれ国力に応じて権利や責任も異なる。指導国のリーダーシップのあり方に応じて、国際的規範の内面化の方向やスピードが違ってくる、従って、ゆるやかなヒエラルキーによって紛争防止を図るべき（秩序維持）である。……今後の国際秩序は米中二極化の構造になる。アメリカは中国の対抗相手となる一方、日本はもはや国力において中国に劣るのだから、西欧の一員というアイデンティティーを持つなら敵になるし、アジアの一員と自覚するなら中国を頂点とするヒエラルキーを受入れ、それなりの振る舞いをすることに慣れるべきである」（『朝日新聞』２０１２年12月12日）。

日本に対しては「尖閣問題」で譲歩を示さない日本に対話拒否の姿勢を貫き、他方で米国には２０１３年6月のオバマ・習近平会談での積極的な「新たな創造的な大国関係の構築」を呼びかけた。オバマ・習近平会談とは対照的に同年10月に開かれたＡＰＥＣにおける日中韓外相会談では、日本・韓国の外相の出席に対して中国は王毅外相でなく、格下の李保東《りほうとう》外務次官を同席させた。不信感の中での「韜光養晦の放棄」の実践と言えようか。総合的な国力を増し国際社会への影響力を増してきた中国が、まさに「型」と「実」を重視し、「虚と実」の両者を備えた大国として世界にそのプレゼンスを示そうとしているのである。

伝統思想から考える中国の目指すべき国際秩序

2007年3月、キーティング太平洋軍総司令官が訪中した時に、人民解放軍の高級幹部からはハワイを境界に東を米国、西を中国が管理するという「太平洋分割管理案」が出され、関係各国、専門家の間で物議をかもしたことがある(『読売新聞』2008年3月12日)。欧米世界とアジア・アフリカ世界という分け方は、以前から存在していたが、まさに「2つの超大国」という既成事実を積み上げる重要なステップとして、当時そのような発想が戦略的認識として浮上してきていたように見える。太平洋地域を米中の勢力圏として分有するという発想は、バワーゲーム的にはよくわかる。そしてこれまで中国が太平洋進出においてこだわり続けてきた発想である。

近年の米国が、米日豪印の連携(QUAD)、あるいは米英豪(AUCUS)といった中国包囲の安全保障協力の強化を進めていることは、中国側のこうした攻勢に対する危機意識の表れである。自分の陣営、相手側の陣営を明確に分けて、どちらに属するかをはっきりさせることは、外交・軍事問題を考える場合、重要なポイントである。『毛沢東選集』第一巻の冒頭の一節は、「誰が我々の敵か、誰が我々の友か、これを把握することが革命の根本的な問題なのである」と発言している。

こうした戦略論的な発想は今も変わっていない。例えば、尖閣国有化問題で激しく対立し、行き詰まった日中関係の打開を求めて、福田元総理をはじめ日本側の長老が2013年10月に北京に集まり、中国側の要人と会見を行った。そこで唐家璇《とうかせん》（元国務委員、中日友好協会会長）は、「日本は欧米世界の側に立つのか、アジアの側に立つのか、その点をはっきりさせなければならない」と強調した。前述した閣学通の主張と同じである。

では中国はどのような国際関係、言い換えるなら国際秩序を求めているのだろうか。伝統的な秩序観を踏まえながら今日の問題を考えてみたい。が、その前に、「秩序」という概念について簡単に確認しておきたい。日本でもっとも権威ある『政治学事典』（中村哲・丸山眞男・辻清明編集、平凡社）によるならば、秩序とは「静態的には社会を構成する人々、およびもろもろの社会的文化的諸要素が、全体に対する関係、あるいは相互間において一定の規則性のある地位並びに関係を持って、一定の均衡を成り立たせていることであり、動態的には、ある社会の内部で人々が一定の事情のもとではしかじかの仕方で行為するということが経験的にほぼ確定しているという事態、すなわち社会的行為の規則性ないし定型性が存在する事態を指す」と、包括的な定義を行っている。単純化して言えば、静態的にも動態的にも人々の間で何らかの関係性、作用、規範などによって予測可能で持続的な安定が維持されている状態を意味する。

では中国ではそうした秩序がどのように考えられてきたのか。伝統的な秩序観の代表的な言い方は、「修身―斉家―治国―平天下」という一句に集約されている。これは儒教の経典ともいわれる四書の一つである『大学』の中に収められている表現で、より詳しくは「物格而後知至、知至而後意誠、意誠而後心正、心正而後身修、身修而後家斉、家斉而後国治、国治而後天下平」となっている。つまり、物の道理をわきまえ（格物）、知をつきつめて善悪正邪の弁別をできるようにし、嘘のない振る舞いができ、心をまっすぐにして立派な生き方ができるようにする。そうすれば家庭や組織を整えることができ、そのようになれて、はじめて国を治めることができ、世界を平らげ調和をとることができるようになるという意味である（『大学・中庸』岩波文庫、1998年）。

ここに見られる考え方は、①徹頭徹尾、為政者の問題として秩序が論じられ、彼が身を鍛え洞察力を養い、家族や家臣に対する心構えを修得することによって、国を統治し世界を安寧なものにすることができる、②家庭とか地域、国、天下といった空間的領域的な相違による統治のあり方の区別は一切見られず、同質の塊としてつながっているという認識であった。

安定的な親族関係、社会を維持する、すなわち秩序の形成に関して、『大学』の主張とほぼ同趣旨であるが、『中庸』にはさらに詳細に次のような指摘が見られる。「凡為天下国家有九経、曰、修身也、尊賢也、親親也、敬大臣也、體群臣也、子庶民也、来百工也、柔遠人也、懐諸侯也」（およそ天下国家を治めるには、君主がなすべき九の万世不易な典法がある。一つは修身である。二つには師友たる賢者を尊ぶべきである。三つには親族を親しみ、本家と分家と永く誼《よし》みを厚くすることである。四つには道を論じ群僚を率いる大臣を敬すべきである。五には群臣には官職に高下があり禄に厚薄があるので、その心を察することである。六には庶民を子として愛撫せよ。七には様々な技術者を招へいし生活用品を潤沢にせよ。八には遠方から来る商人・旅人を厚くもてなすようにせよ。九には諸侯を手なずけよ。そうすれば天下はよく治まり、泰平である）（『中庸』講談社学術文庫）。ここでも結局は、統治の根幹は為政者という人であり、まさに人治であった。

こうした中国古典におけるガバナンスの特徴を整理してみるならば、以下の点が見られる。第1に、良きガバナンスを実現するための核心は、トップリーダー（ここでは君主、為政者）がいかに統治ための心構え、作法を身につけ、被治者との関係をどうすべきかを習熟し、実行することにあるということ、ここでのガバナンスはよく言われるように「徳をもって治める」ことである。第2に、したがって効果的なガバナンスを実現する意思決定は、すべて統治者＝君主個人に集中されている。

既述したように、古代ギリシャ都市国家の直接民主制は、もちろん限られた参政者によるものではあったが、被治者の参加による政策決定が行われた。また東南アジアで見られた「ゴトンロヨン」（インドネシア）などの農村の伝統的な話し合いによる意思決定の仕組みや、中国、日本などの農村共同体に見られた「寄り合い」など、生活者＝被治者をも含み彼らも参加した意思決定のメカニズムがあった。しかし儒教的ガバナンスでは、被治者とは配慮され愛撫される対象ではあっても、意思決定に参与する主体では全くなく、その意味で他のガバナンスのあり方とは根本的に異なった仕組みであった。第3に、治者の徳、慈愛、仁に対して忠、誠、義によって自然と被治者が治者に従うという関係は、あくまで人間の情・理性・感性を軸とした秩序論であり、制度、ルールを作るかといった発想はあまり育っていなかった。

その意味では古代ギリシャ・ローマ時代に生まれた、制度論的な統治をめぐる様々な考え方、思想とは対照的であった。ヨーロッパでは、その後ルネサンス時代前後に国家、秩序、統治をめぐる議論が開化し、マキャベリ「君主論」、ホッブズ、ロック、ルソーの「社会契約説」、モンテスキュー「三権分立論」、カント「恒久平和論」などによって制度としてのガバナンス論がめざましく発展していった。しかし、中国では紀元前から始まる上記のような古典的統治の考え方＝集権的人治的統治論は、基本としては変化することなく王朝体制に引き継がれ、今日においてさえその核心的な考え方は生き続けている、と見ることができるのである。

もっともよく知られているように、秩序を維持し効果的なガバナンスを実現するために、春秋戦国時代から秦の時代にかけて、集権的官僚制の原型が形作られた。しかし秦は短命で、前漢の時代から「官僚国家」が形成されたといわれる。「官僚制」はその後さまざまな改革が加えられていった。魏より始まり魏晋南北朝時代に、官僚の職位と権限、義務の範囲を明確化した「九品中正」の官吏登用制度が実施されたが、それが本来の人材登用の目的からはずれ、豪族の中央官僚、貴族化が目立つようになり、それに代わって官吏登用試験としての「科挙制度」が随の時代から始まったのは先に述べた。

以後、唐、宋の時代を通し次第に官僚制度は整備され制度として体系化され、皇帝の支配を支える最大の統治機構となっていった（エチアヌ・バラーシュ『中国文明と官僚制』みすず書房、1971年、J・K・フェアバンク［市古宙三 訳］『中国』上、東京大学出版会、1972年など）。しかし各官僚は、皇帝から直接に皇帝との人的な関係において任命され、絶対的な服従を求められた。明末清初の思想家・黄宗義《こうそうぎ》は『明夷待訪録』の中で、中国の伝統的な官僚制を「天下不能一人而治、即設官以治之、是官者分身之君也」（天下は一人で治めることはできない。すなわち官吏を設けて天下を治める。官吏は君主の分身なのである。）と表現している。また別のところでも「臣は君のために設けられたもの」だと力説している（清水盛光『支那社会の研究』岩波書店、1939年）。

人民共和国史を少しばかりひもといてみると、建国初期にすでに党内ナンバー2として毛沢東の後継者とみられていた劉少奇は、有名な「共産党の修養を論ず」を著した。もちろんマルクス・レーニン主義的な言辞が溢れたものであるが、「党員としての修養」という発想自体が上記のような伝統的な儒教的治者に通じるものである。また特に文化大革命期にしばしば古典的な思想、論争を題材にして当時の政敵批判がなされたが、その最大の標的は儒教思想、孔子であった。

林彪《りんぴょう》が失脚した後に彼の部屋に掲げてあったといわれる孟子のことば「克己復礼《こっきふくれい》」（私情や私欲に打ち勝ち、規範や礼儀に適う行いをすること）が批判の的となり、あるいは四人組が仕組んだ林彪に続く打倒対象として周恩来を標的にしたのが、「批林批孔」（現代の孔子＝周恩来）運動であった。そして毛沢東自身は秦の始皇帝を再評価し、共産党自身が定め遵守してきた様々な党のヒエラルキーや党綱領、党則さえ無視し、彼自身の一存で最終決定を行う、まさに「皇帝」としての振る舞いをしたのである。

中華の外との関わりにおける秩序観

如何にして秩序をつくり、維持し、乱さないかという枠組みは、上記のように徳・仁を施す皇帝・君主に対して忠・義で応える家臣・諸侯という人治的つながりと、統治のための業務を専門的に司る官僚群および中央から直接派遣された各種官僚によって確保されていたのである。しかしそのような枠組みには、天子の下に内臣の統治する中原の地域と、総督・巡撫など地方官僚（外臣）の統治する中原の地の周辺地域までに限られていた。王朝体制は直接的な支配の及ぶ地域内のことであり、その外縁に当たるいわゆる「夷狄《いてき》」との関係においてはこのような枠組みは適用されなかった。夷狄とは中華文化の及ばない地域＝「化外（文化の外）の地」に住む人々であるが故に、当然といえば当然であった。

こうした夷狄の地と中華の皇帝との間には、皇帝の徳を慕って周辺諸国が貢ぎ物を献上し、これに対して皇帝が恩賜（回賜）を与えるという朝貢関係があった。回賜は一般には貢ぎ物の数倍の価値のあるもので、周辺諸国にとって利が大きい。ただし朝貢関係は宗属関係がない、平等な関係でも成立した（奈良・平安時代の日本と隋・唐の関係）。

朝貢関係にとどまらず皇帝が周辺国の長に対して称号、任命書、印章などを授与し、周辺諸国はそれを受けて皇帝に対して恭順の意を示し、名目的な君臣関係（宗属関係）を結ぶことを「冊《さく》封《ほう》」と言う。宗主国－属国（朝貢国）の関係およびそうした関係によって創り出された伝統的な東アジアの秩序をいわゆる「冊封体制」（西嶋定生）と呼ぶ。冊封体制においては宗主国と属国は明らかに権威的な上下関係があり、それは皇帝に拝謁する際の「三跪九叩頭《さんききゅうこうとう》の礼」に典型的にみられる。このように上下の立ち位置を明確に示すことで、属国たる周辺諸国は中国王朝との平和的関係を保証され、かつ対外的にも皇帝の庇護下におかれるというある種の安全保障システムとしても機能したのであった。

周辺諸国の夷狄と皇帝の関係は、徳治とか官僚制統治といった中華の域内における統治のあり方と根本的に異なっていたが、皇帝の権威的なヒエラルキーを大前提とし、恭順の意を示し恩を賜るという心理的形式的な関係構造は、中華域内の延長上にあった。上から見れば同心円的な広がりを持ち、横から見れば円錐形に広がっていく。このような統治のまとまりこそが、「大一統」（一つにまとまることを尊ぶ）なのである。

ただし清朝時代に中国本土および東北三省を除くモンゴル、新疆、チベット、青海地方を支配下に置いたが、清朝はこれらを直轄領には編入せず、「理藩院」と呼ばれる中央官庁の監督機構を設け、間接統治を行った。これはもちろん皇帝の直接統治の範囲外であったが、かといって完全に夷狄との関係というわけでもなく、まさにその中間的な統治方式であった。いずれにせよこの間接統治を含め、中華王朝の権威主義的秩序は「天下の秩序」であり、前述したように王柯をはじめ何人かの中国研究者は、今日の中国国家においてなお考え方としては「国民国家」ではなく、「天下国家」であると指摘しているのである。

もちろん以上のような伝統的秩序の枠組みからのみ、今日の中国の国際秩序観を理解することは間違っている。とりわけアヘン戦争以降の近代史の過程で、主権を侵害され領土を奪われてきた中国にとって国家主権、領土、民族主義の意識は相当に強いもので、その結果として、自ら進んで国民国家システムを軸とした既存の国際秩序を、積極的に擁護するような考えや行動を見ることができるのである。1954年の中国・インド間の「平和共存五原則」の合意はその典型である。しかし中国が既存の国際秩序枠組みを百パーセント支持しているかといえばそうではない。王緝思《おうしゅうし》は2009年に、「既存の国際レジュームは中国の国家利益にとって基本的には有利に働いている。……しかし一部に不利な部分があることも事実であり、そこは中国として変更を求めていかねばなるまい」と主張するようになっている（『チャイナネット』2009年3月30日）。中国自身が自らのパワーを感じとりながら、自分なりの未来像を描き始めてきたといえるだろう。

その一端を見てみると、ここ十数年来、中国指導者の発言、文章に中国の伝統的な言葉や言い回しが用いられていることが散見される。このことはすでに指摘したが、それは何を意味するのであろうか。

例えば鄧小平は、儒教の経典の一つ『礼記・礼運編』で用いられた理想社会としての「大同」社会に向かう、その前の段階としての「小康」という言葉を、改革開放路線推進の目標として提起した。孟健軍《もうけんぐん》はこれに注目し、以下のように述べている。「『鄧小平文選』の第二巻と第三巻には、「小康」という言葉が40数ヶ所で使われ、「小康之家」「小康水準」「小康社会」「小康国家」といった表現が散見される」、「筆者（孟健軍）は、中国がこの「小康社会」という概念を全面的に打ち出したことは、すくなくとも20世紀を通して中国人を悩ませた西洋的イデオロギーの呪縛から、本当に脱却できた一里塚であり、将来の中国発展に重要な意義を持つものと認識している」。つまり、中国のエリートたちにとって、西洋イデオロギーは「呪縛」であった、ということが率直に吐露されているのである。それ故にこれからの中国は、何としても自身のオリジナルな思考を模索していきたいと念じている、その姿勢を強く読み取ることができる。

伝統的概念を用いた現代的世界秩序論

建国以来、中国は冷戦構造、ポスト冷戦構造の世界を歩んできたのであるが、中国自らが描いた世界像としては、毛沢東期の「中間地帯論」、およびその発展形態としての「三つの世界論」、鄧小平時代の「新国際政治経済秩序論」（以下、「新国際秩序論」と略記）、そして胡錦濤が提唱した「和諧世界論」がある。

「三つの世界論」の内容は既に数箇所で論じているが、伝統思想の文脈から、孫隆基《そんりゅうき》は以下のような興味深い指摘を行っている。「『三つの世界』の枠組みは、基本的には必ずしもマルクス主義的世界情勢と国家の性格に基づいた分析ではない。それはむしろ天下万国を自分との関係の親疎・遠近によって中国中心の同心円圏に組み込んだと考えた方が良い。『三つの世界』の枠組みは、世界革命や『第三世界』の民族解放運動に対する役割としては、それほど大きくはない。むしろ国内が外賓を接待するときに決める、親疎の異なった待遇の基準に変わってしまったのである」と（孫隆基『中国文化的「深層結構」』364頁）。そして中国の国際社会を捉えようとする認識の仕方の特徴として、さらに孫は「中国という『大圏』が外面世界に対処しようとするとき、総じて自分を中心に考え、親疎・遠近の関係に応じてそれらを「層次（階層＝引用者）」的に区分する。この階層はある種の「等級」序列となり、同時にある種の「類型化」の過程ともなる」と、的を射た鋭い指摘を行っている（同上、263頁）。

鄧小平が提唱し、その後江沢民、胡錦濤によって推奨されたといわれる「新国際秩序論」の内容も既にふれたが、基本的には1955年の周恩来・ネルー会談で合意され、翌年の第一回アジア・アフリカ会議で確認された「平和共存五原則」を基本にしたものである。ただし「新国際秩序論」がとくに「国の大小、貧富、強弱を問わず平等、合理、公正な国際関係を築く」と強調しているのは、ほぼ同時期から強調されるようになった「韜光養晦論」と合わせて考えるなら、自らを「弱い」と位置づけ、貧しく弱い小国の集まりであるアジア・アフリカ諸国との連帯の意味を内包した、「三つの世界論」につながる発想であったといえるかもしれない。

伝統的な表現との関係で、より直接的なのは「和諧世界論」である。これは胡錦濤が２００５年４月にジャカルタでのアジア・アフリカ首脳会議で最初に提案し、同年9月15日、国連創設60周年首脳会議でも、「平和、共同繁栄の和諧世界建設に努力しよう」と題する演説を行ったことで知られるようになった。そもそも「和諧」とは、さまざまな調べがある種のハーモニーを創出して素晴らしい音色を生み出すことを意味している。胡錦濤の演説で主張されている和諧世界の内容は、主に以下の四点を含んでいる。①多極主義を堅持して共同の安全を実現、②互恵協力を堅持、共同の繁栄を実現、③包容の精神を堅持して、和諧世界を共に建設、④積極的で安定した方針を堅持して、国連改革を推進するという主張である。

さらに第17回党代表大会（２００７年10月15日）での胡錦濤「政治報告」では、和諧世界とは政治、経済、文化、安全保障、そして環境保全を網羅し、「政治上の相互尊重、平等な協商、国際関係の民主化を共同で推進」、「経済上の相互協力、優位者の補填、経済のグローバル化を均衡、分け隔てなき恩恵を実現」、「文化の分野では相互を参考として、大同につき小異を残し、世界の多様性を尊重し、人類の文明の繁栄と進歩を共同で促進」、安全保障分野では、「相互信頼、協力強化、平和方式をもって、戦争ではない手段を用いて国際平和を実現」と強調している。そしてそのためには、「国家は大小、強弱、富貧で分けられることなく一律平等であり、各国人民が発展の道筋を自主的に選択できる権利を尊重し、他国の内部事務に干渉せず、自己の意志を他人に強要しないことを堅持する」ことが必要だと力説しているのである。まさに多様な世界において、それぞれのアクターの個性を生かしながら、調和のとれた世界を創造しようという意欲的な提起であった。しかしその主張している内容自体はそれほど斬新といえるものではなく、従来の国際社会で例えばウィルソン主義のように民族自決主義、国際協調主義など理想主義的に主張されてきた内容とかなり重なるものであった。

しかし中国がＧＤＰで日本を抜いた２０１０年頃から、とりわけ「中国の夢」を強調する習近平の時代になって、国際関係学術界で一種の流行になっている議論は、21世紀の世界は従来の国際システムとは異なった新しい国際システムが求められ台頭しているのではないか、という「問い」をめぐるものである。そこには現存の国際社会を超克すべき対象として論じ、より望ましい国際社会を中国の伝統的な枠組み、思想から論じ、さらに新しい国際システムを創造、構築していく中軸の担い手として中国を位置付けていくのが一般的な論調となっている。

伝統的な国際秩序観に関して、Ｈ・キッシンジャーは次のような興味深い指摘を行っている。「（中国の）見解では、世界秩序は競い合う主権国家の釣り合い（Balance of Power）ではなく、宇宙のヒエラルキーを反映している。既知の社会はすべて、中国と何らかの形で進貢関係にあり、中国の文化と多少似通っている。中国と同等になれる社会は存在しない。外国の君主は、同等の主権者ではなく、中国から統治を学ぶ真剣な弟子で、文明に近づこうと努力している。…外交は複数の主権者の利益に関する交渉プレプロセスではなく、入念に作り上げられた儀式であった。…それ故、古くから中国では「外交政策」と呼ばれるものは礼部の管轄だった」と（『国際秩序』）。

では今日の中国の専門家たちは、伝統思想を踏まえながら、どのように中国中心の国際関係を描こうとしているのか。例えば、復旦大学教授の張建新《ちょうけんしん》「ポスト西洋国際システムと東洋の勃興」、鄭州大学の余麗《よれい》・董文博《とうぶんはく》「孔子の国家間道義と当代国際関係の構築」、上海社会科学院の王双《おうそう》「平衡、融合と引導――新世界秩序構築における中国の役割」などが挙げられる。

張建新論文では20世紀の終焉とともに、１６００年代以来続いた西洋の国際体系システムが次第に衰退し、東洋世界の権力がさまざまに勃興し、成長の段階に入っていることを強調した。その上で、これまでの国際システムを以下のように特徴づけている。①持続的な覇権システム、②主要アクターである国家間の発展の不均等性、③覇権システムの権力配分では中軸での熾烈な覇権争奪があったこと、④西洋が全面的に非西洋国家をコントロールしていたことである。21世紀に入りＢＲＩＣＳなど新興大国の台頭が見られ、リーマンショックの金融危機に象徴される米国、ＥＵの経済低迷によって、グローバルな権力は明らかに東にシフトしている。その中で中国は既にグローバルな権力を獲得するに至っている。国内安定と経済成長を保証する社会政治制度、独自の発展モデル、世界第二位の経済大国、世界第一位の人口大国、第三位の領土大国、国連常任理事国、核大国、５０００年の伝統を持つ民族文化とその凝集力などがその根拠であり、これらによってポスト西洋国際システムの転換過程において中国が未曾有の歴史的使命を担うことになるとまで主張しているのである。

余麗・董文博論文も、ウエストファリア条約以来の国際システムが、主権平等、紛争予防、人道主義などを重視する国際秩序をもたらしたが、覇権主義、強権政治、はなはだしくは侵略戦争を消滅させることはできなかったと強調した。そのうえで、春秋戦国時代に孔子が秩序を回復するために、「君使臣以礼、臣事君以忠」（君子は家臣に対して礼をもって関わり、家臣は君子に対して忠をもってつかえる）という「礼」を説いて回り、「和を以て貴しと為す」の秩序観を論じたことの今日的意義を説いた。すなわち古代と現代は異なった環境にあるが、戦国時代の天下と多極的な今日の国際システムには共通性が見られ、孔子のこの考えは現代の国際秩序観としても最高の境地にある。また「利を軽視し、義を重んずる」孔子の考えは覇権主義を抑え、生態環境の悪化や貧富の二極化、テロリズムなどを防ぐグローバルな課題に有用であると力説している。

確かに近代史において列強の侵略に屈辱・苦汁を飲まされた中国が、猛烈な勢いで台頭し、他国を圧倒する今日、多くのエリートたちがそのような思いに駆られることが理解できないわけではない。しかし、果たして中国の伝統思想が上記のような効能を持っているのか、なにを根拠にそのように言えるのか、このままでは根拠がほとんど示されないままの独りよがりの主張といわざるを得ない。

そもそも王朝時代の長い低迷の根源として儒教思想を位置付け、儒教批判、孔子批判から近代中国の産声を上げたのが「五四運動」であった。毛沢東の農民革命主義を乗り越え、先進国に学び工業化、近代化を進め「豊かな中国」を目指したのが鄧小平の「改革開放路線」であった。儒教的な伝統思想で「中国モデル」を粉飾し、それによって中国の経済発展を論ずるということは、中国的な事情を加味したとしても普遍的な工業化、近代化を中国自身が実践してきたという、事実を欺いた暴論である。かりに儒教が現代社会の諸矛盾を超克できる核心思想であると断じるならば、生態環境破壊、貧富の格差、腐敗汚職の蔓延が際立っている中国自身を、まず儒教思想によって改革して範を示すのが先決であろう。

もちろんこのような筆者の指摘をある程度受け入れる中国人研究者の中にも、国際社会での儒教の「創造的な考え方」までも否定すべきではないと反論する人もいるにちがいない。とくに西洋の国際秩序の考え方を「覇道」と解釈し、これに対抗する中国的国際秩序観を儒教の「王道」論から説き、これを理想化する知識人は少なくない。

１９９５年、核実験の強行、軍事力の急増によって「中国脅威論」が高まっていたさなかに、北京で行われたアジア政経学会と日本研究所主催の「日中学術交流会」で、知日派の学者として活躍していた社会科学院日本研究所の馮昭奎《ふうしょうけい》副所長が、「中国は大国になっても覇道の道は歩まない、王道の道を歩むので他国が心配することはない」と断言した。それに対して筆者は「王道それ自体が上下の階層的権威秩序観を前提にした発想であり、問題にしないわけにはいかない」

と反論したことを、鮮明に記憶している。そして大国意識が一段と強まった今日、中国自身を世界の中で最上位の大国と位置づけ、「王道」を歩むといった考え方は、中国識者の中でますます力説されるようになっている。

「王道」的国際秩序構想についてはあらためて、終章で検討することとしよう。

第七章　新たな「影響圏」建設の試み

はじめに　中国独自外交の模索

２０２０年代は、これからの世界及び中国を考えるうえで極めて重要な10年となるだろう。経済成長主義が産み出した水・大気・土壌などの生態系・環境破壊や、拡大する貧富の格差、大規模な国際テロおよびコロナ・ＳＡＲＳなどのパンデミックに対して、地球人としてどのように対処するのか。

そしてもう一つの注目すべきイシューは、グローバルな規模のパワートランジションが起こるのか否か。すなわちパックス・アメリカーナからパックス・シニカへの移行である。これはたんなるヘゲモニーをめぐる争いではなく、上記の難題を解決するために中心国は如何にイニシアティブを発揮できるかの問題でもあろう。「米国ファースト」でも、中国だけのための「中国の夢」でもない、人類の難題に向かいつつ人類に新しい「夢」を提供し、その戦略と方針をだれが提示できるのか。

「中国の夢」の実現に向けて、長期政権への野望を抱く習近平政権は、中国のプレゼンスの急速な増大に伴い、「一帯一路」戦略をはじめ積極的な対外戦略を展開している。しかしここに至り、いくつかの重要なイシューをめぐって当事国・地域から中国に対する反発・批判が出てくるなど、中国にとって厳しい局面を迎えるようになってきた。その中でも特に以下の3つのイシューは、中国にとって将来を左右するほどの重要な問題となってきた。第1は、「一帯一路」戦略の意図とその展開、さらに各国各地域で発生してきた同戦略に対する賛同と批判・抗議の声の高まりである。第2は、貿易摩擦・ハイテク産業などをめぐる米中の深刻な対立状況である。そして第3は、香港問題に続く、台湾問題と東アジアの安全保障の枠組みをめぐる問題である。これらは当然ながらそれぞれの具体的な課題と問題点を抱えており、それに即した解決の取り組みをしていかなければならない。

しかし同時に、少し視野を広げてこれらの問題を考えてみると、米中関係という2つの基軸が作り出すグローバルで包括的な枠組みの中で、それぞれが深く関連しあった難題であることがわかる。そのことを意識しながらポイントを考えてみるなら、まず前章で見た2008年ごろからホットイシューとなったG2論、急速に台頭する中国と20世紀を通して最強の大国として君臨してきた米国との関係をどのように考えるかという問題がある。

習近平の対外戦略と「戦狼外交」

そこでまず、習近平の中国の対外戦略について見ておこう。習近平は２０１２年12年11月に第１期の党総書記に就いて、党代表大会が終わった翌日の夜に記者団を集めてトップリーダーのお披露目会をした。その会で彼は繰り返し、我々は中国の夢を実現するのだと、中国の夢とは「中華民族の偉大な復興」だと言っている。さらにほぼ１カ月後に、それを補足するような言い方を次々と発表した。「偉大な中華民族の復興」とは、近代史以前の栄光の歴史の復活、そして近代史に関しては、近代の中で我々は凋落し、列強侵略による屈辱の歴史を受けた、これを払拭することである。そして改めて世界の中心を目指す強い志向力と示している。それは毛沢東が文革のさなか、１９６７年７月、水爆実験実施の直後に行った重要講話で、「我が中国はたんに世界革命の政治的な中心であるばかりでなく、軍事上でも、技術上でも世界革命の中心となり…世界革命の兵器工場とならねばならない」と力説し、さらに１９７４年２月に、「中国は米ソ超大国の覇権主義に断固反対するアジア・アフリカ・ラテンアメリカの第三世界の先頭に立つ」と宣言した「三つの世界論」を思い起こさせる。習近平の毛沢東との共通性は、外交方面で最も顕著に見られる。

極めて貧しい国であったにも関わらず、64年に原爆実験、67年に水爆実験を成功させ、やがてソ連を最大の敵とみなし、果敢に挑戦した毛沢東の姿が浮かび上がってくる。毛沢東時代以上に総合的な国力と強大な戦力を兼ね備えた今日、習近平は果敢に米国に挑戦するようになった。しかしながら就任当初から米国との直接対決を求めたのではない。習近平が総書記就任後、まず具体的に動いたのが米中関係の調整であった。2013年6月、彼はオバマ大統領との会見を求めて、非公式ながらわざわざ米国を訪問した。習近平・オバマ大統領の最初の会談がカリフォルニアの保養地サニーランズで開かれた。習近平はそこで、米中の間で「21世紀の創造的な新型大国関係」を構築することを呼びかけた。よく調べてみると、結局この大国関係というのは、アメリカと中国のことだけだと習近平は主張している。ほかの国とは大国関係ではないということになる。

そこで言われた「創造的な新型大国関係」というのは、世界のパワートランジションが起こっている今日、既存の支配的な大国に対してチャレンジャーが台頭し、不安定な状況が生まれる、それを安定的な状態にするための創造的な新しいタイプの関係づくりをするということである。

国際政治の理論では、このようにチャレンジャーと既存の大国との間にパワートランジションが起こるときは、しばしば戦争が起こると言われてきた。ハーバード大学のグラハム・アリソン教授が『米中戦争前夜』という本の中で、スパルタとアテネの大国が行ったペロポネソス戦争を例に挙げ、米中におけるパワートランジションの問題を扱っている（後述）。習近平政権の米国への呼びかけは、そういう戦争状態にしないようにしよう、創造的な新型の大国関係をつくろうということであった。

しかし習のこの考え方は、対中不信感を強めていたオバマによって無視された。そのことが習近平にとって新たな対外戦略を提起する直接の契機になったと、筆者は見ている。総書記就任からちょうど一年後、オバマとの会談後わずか4カ月を経た2013年10月24、25日、党中央は周辺外交工作会議を開いた。建国以来、わざわざ周辺諸国を対象としたこのような会議は初めてのことであり、政治局常務委員7人全員が出席した重要会議であった。席上で習近平は「周辺はわが国にとって極めて重要な意義を持つ」と力説し、「隣国との関係を善くし、隣国をパートナーとして、隣国と睦まじくし、隣国を安んじ、隣国を富ませることを堅持する」との基本方針を述べた。それ自体は常套の言い方である。

しかし、その後に用いられた「我々の外交では親・誠・恵・容の理念を際立てる」という表現は、一考に値するものであった（前章で紹介）。その4つの文字は、親睦・誠実・互恵・包容の意味だが、このような表現は、漢字を理解する人々（中国人、台湾人、海外華人、日本人、一部韓国人など）にしか理解できるものではなく、周辺諸国でも圧倒的数の人々には十分理解できないのではないのか。国内向けに、ただの威厳を示しているだけのことか。当時、筆者はそのような疑問を持っていた。しかし今日においてはっきりわかることは、習近平は中国人として、自分の言葉で外交を語りたかったのだということである。言い換えれば、これまで西欧世界が独占していた外交観、外交理論、外交制度などを引き継ぐのではなく、中国的ロジックと考え方で外交を語りたかったのであろう。

しかしより重要なことは、外交戦略の転換であった。当初は、まず米中という大国関係を調整し、その上で他国との関係を調整する、というのが習近平の考え方であったと思われる。しかし、オバマとの会談で自分の思惑が外れた後、習近平はまず中国周辺の国との間で強い連携＝絆を構築する。これが周辺外交工作会の狙いであった。その上で、米国の影響力が比較的弱い中央アジア、南アジア、中東地域、さらには東部ヨーロッパ地域などを取り込んでいく、「一帯一路戦略」が準備されていたのである。

そのような構想が一段と鮮明になってきたのが、それからちょうど1年後、2014年11月末に開かれた党中央外事工作会議であった。開催後まもなく、その時の習近平講話の全文が『人民日報』に5～6ページにわたって掲載された。この会議の少しあと、旧知の中国外交官から「先生、この習近平の演説はこれからの中国外交の方向性を決める極めて重要な文書になりますよ」と耳打ちされた。内容的にもその通りだと痛感させられたが、その後、中国外交を論じるたびにこの講話の要点を紹介して始めるようになった。

この点に関してもう一つ付け加えておく。2018年11月に朝日新聞の峯村健司記者が、中国通で中国との関係を強化しようとしていたケビン・ラッドというオーストラリアの元首相にインタビューした記事があった。峯村がケビン・ラッドに、中国外交に批判的な発言が増えているのは何がきっかけだったのかと聞いたところ、ラッドは2014年の11月28日ですべてが変わったと言って、この党中央外事工作会議を取り上げ、習近平国家主席がこれまでと全く違う世界観を打ち出したからであると語っていた。それではその重要講話はどのような内容だったのか。その核心的部分を紹介しておこう。まず「大国としての役割・国際協調の強調」が語られた。

「世界的視野に立って時代の脈拍を把握し、現在の世界の変化を正しく明確にとらえ、見通し、さまざまな現象の中から本質を発見しなければならない。…特に世界多極化の動向は変わらないという点、…特に経済グローバル化のプロセスは変わらないという点、世界の矛盾と闘争が先鋭化していることを十分に見通しておかなければならない。さらに、国際秩序にかかわる争いが長期にわたること、国際体系の変革が進む方向性は変わらないという点、周辺環境にみられる不確定要素を十分に見通し、特にアジア太平洋地域全体の繁栄と安定の動向は変わらないという点、これらをはっきり認識しておかなければならない。…国際関係の民主化、平和共存5原則、各国は大小、強弱、貧富に関係なく国際社会の平等なメンバーであるとの立場、世界の命運は各国人民が共同で握らなければならないとの立場を貫き、世界の公平と正義を守らなければならず、特に広範な発展途上国のために発言する。…多国間外交を確実に推進し、国際システムとグローバル・ガバナンスの改革を進め、わが国と発展途上国の代表性と発言権を強めなければならない。実務協力を確実に強化し、「一帯一路」（シルクロード経済ベルトと21世紀の海上シルクロード）の建設を積極的に推進し、各国の利益の接点を見いだすよう努力しなければならない。」

要するに、世界多極化、国際体系の変革が継続し、ＥＵやイスラム圏における政治的混乱、世界的規模での経済の低迷とテロの多発などによって、米国一国覇権的な国際秩序が揺らぎ始めたこと、他方で中国を軸とするアジア太平洋地域の経済の急成長、政治の安定を誇らしく力説している。そして国際社会が依然として不公平な状況に置かれており、そのしわ寄せを受けている途上国の貧しい国々のために自分達は奮闘する、とまるで毛沢東時代の「三つの世界論」を地でいくような発言を行った。その上で、新しい秩序構想の核心である「一帯一路」の建設を提起していたのである。

今までの習近平の主張もそうであるが、以下の発言は、前年の周辺外交工作会議の発言と同様に、中国の伝統的な用語を用いた斬新なものとなっている。いわく「中国は自分自身の特色を備えた大国外交を持つ必要がある。…わが国の対外活動が鮮明な中国的特色、中国的風格、中国的気概を持つようにしなければならない。」

習の新しい外交原則でまず強調されているのが、「韜光養晦」の放棄である。これを鄧小平が外交のキーワードとして使っていたことは既に紹介した。冷戦が崩壊しソ連が滅びた直後に、中国国内部の特に保守派の軍の指導者たちが、ゴルバチョフの失脚を「これで我々がついに世界の社会主義の先頭に立てるぞ」と言って喜んだ。そこですかさず鄧小平が強く警告し、「今先頭に立つとつぶされるぞ、我々は絶対に先頭に立っては駄目だ、光の当たらない場所にいて自分の力を蓄えよ」と強く言ったのだと香港で報じられた。その核心は、自分たちの力はまだ弱いので、先頭に立って目立ってはならない、そういう立ち位置をしっかり認識させせようとした狙いがあった。

確かに中国共産党の指導者は、鄧小平以降これをずっと続けてきていた。ところが2010年、習近平が総書記に任命される直前に中国は日本を抜いてＧＤＰで世界第2位になった。軍事力もすでに当時は日本の防衛予算額を抜いており、世界有数の軍事大国になっていた。そのころから「韜光養晦」という路線はもう放棄してもいいのではないかという論争が党内で出てくる。胡錦濤は鄧小平の遺訓を守って、まだ積極的に「韜光養晦」を堅持すると力説していたが、だんだんと大国的な主張も見られるようになっていた。そして習近平になって、はっきりと大国外交ということを言うようになったのである。

その上で、「我々は…協力とウィンウィンを核心とする新しいタイプの国際関係の構築を促し、互恵とウィンウィンの開放戦略を貫き、協力とウィンウィンの理念を対外協力の各分野において具体化していかなければならない」と力説し、あらためて「正しい義利観を貫き、正義と利益の双方に配慮し、信義と情義を重視する周辺外交活動にしっかり力を入れ、周辺の運命共同体を築き、親・誠・恵・容（包容）に基づく周辺外交の理念を貫き、隣国に善意で対し、隣国をパートナーとする方針を貫かなければならない。大国関係をしっかりと計画、推進し、健全で安定した大国関係の枠組みを構築し、発展途上の大国との協力を拡大しなければならない。正義を発揚し、道義を確立しなければならない」と、1年前の発言を繰り返した。

中国の特色ある外交の展開

ここでの親・誠・恵・容といった漢字による表現は、基本的にはすべて儒教の考え方である。おそらくこれを話したときは、先述したように習は自分の権威を主に国内に示すということが一番大きな目的だったのだろうが、同時に習近平自身で中国語を使って、中国語の概念を少しずつ外に広げていく。それがいわば中国的世界を全世界に拡大するという意図であったと思われる。これは「一帯一路」の推進にも関連してくることである。

このような壮大な対外戦略を世界に公開したことは、とりもなおさず習近平自身が、長期政権への野望を抱いていることを意味していた。それが明らかになったのは、２０１７年に開かれた19回党代表大会の習近平の政治報告の時であった。彼は２０２１年と２０４９年の間に一つの節目を作った。すなわち、「２０３５年の設定」である。

習近平は２０３５年には82歳である。82歳という年は、毛沢東の逝去の年、鄧小平は老いてはいたが、まだ現役で指導をしていた年齢である。２０２１年から２０４９年にいきなり飛んでしまうと自分の存在はおそらく21年で終わってしまう。そこで、二つの百年の中間あたり、つまりキリのよい２０３５年を区切りにする。おそらくこの年には間違いなくＧＤＰで米国を追い越していると想定されている。その時に「我々は全面小康（人々がまずまずの豊かな生活ができる状態）を実現するのだ」と言っている。それによって、あらためて２０４９年、すなわち「第２の中国の夢」の実現に向けての具体的な目標が設定しやすくなる。そのような考えであったのではないかと筆者は読んでいる。

ところで2000年代に入ってとりわけ安全保障面で顕著な変化を示しているのが、海洋進出である。とくに東アジアへのコミットは注目すべきだろう。東シナ海と南シナ海を囲む外延部分のラインを、第一列島線という。もともとは1949年、アジアの冷戦が進むころにアメリカが社会主義陣営に対抗し、自らが直接守るべきラインとして設定したアチソン・ラインである。第二列島線というのは、この外側で、東京湾からずっと南へ伸びてグアムを通ってニューギニアのほうへ行くラインである。

世界で覇を唱えていくには海軍を増強することが急務であり、鄧小平はその計画を作成するにあたって、1982年に海軍司令員となった劉華清《りゅうかせい》に白羽の矢を立てた。もともと中国はゲリラ戦の中で生まれた陸軍中心の人民解放軍であるから、海軍がない。建国後の体制が落ち着いた1954年、これは毛沢東の指示だと思うが、劉華清をソ連に派遣して海軍の指導者としてのトレーニングを受けさせた。ソ連留学では海軍組織論、海洋戦略論などを学び、実践的訓練も積み、帰国後は一貫して海軍畑の道を歩むこととなった。ちなみに劉は解放戦争期の第二野戦軍で鄧小平がリーダーを務めていたころの部下である。

鄧小平も非常に長期的な戦略家だと思うが、自ら権力を握った1982年、劉華清にこの海軍の長期発展戦略計画を直ちに作れという命令を出している。それがすぐに完成されたものになったかどうかは分からない。が、何年かたって内々から情報が流れ出てきた。この計画構想は未だに公式には発表されていないが、注目すべきは 21世紀中頃までを4つの時期に分けて、具体的な建設・強化のプランニングを行っていることであった。再建期＝２０００年まで、躍進前期＝２０１０年まで、躍進後期＝２０２０年まで、完成期＝２０４０年頃という形で目標が設定された。

２０１３年の周辺外交工作会議以来、東シナ海・南シナ海、及びその沿岸諸国に対する中国の強硬な外交展開は際立っていた。まず感じた点は、尖閣の問題である。尖閣で漁船衝突が大きな問題になったのは２０１０年である。東シナ海は沖縄在留米海軍空軍を中心に、日米安保体制によって北は奄美大島から九州、南は尖閣諸島から台湾へとつながるラインの内側、すなわち東シナ海の監視体制が敷かれていた。だから躍進前期終わりの２０１０年に、もしかしたら第一列島線突破の最初の試みをやったのではないかと思っている。それから、ちょうどこのころにいわば航空母艦の建造を始めて、現在既に2隻（遼寧、山東）が完成し、その後も建造中といわれている。4つの時期の建軍プランにほぼ沿っているのも驚きであった。

さらには南シナ海においても、中国の積極果敢な行動が目に付いた。２００2年には中国とＡＳＥＡＮの間で、「南シナ海における関係諸国の共同宣言」を発表した。そこでの最も重要な問題として、領有権をめぐる紛争の平和的解決をめざし、敵対的行動を自制することを確認していた。にもかかわらず、中国は係争地域の領有権でベトナムやフィリピンの意向を無視し一方的に領土の拡張を図り、既成事実化を進めていったのである。しかも誰もが納得できるような根拠ではない「9段線」という概念を使って、南シナ海の大半の海域を中国の自国の領域だと主張している。フィリピンと中国との間の領有権をめぐる争いは深刻であった。中国は中沙諸島スカボロー礁や南沙諸島カラヤン群島を強引に埋め立て、軍事基地化した。この行動に対し、フィリピンは抗議し、国際仲裁裁判所に訴え、判決は中国側の全面敗訴であったが、それを完全に無視した。

あるいは2016から17年にかけて、中国・韓国の間で「THAAD問題」が起こった。すなわち、北朝鮮の核ミサイル開発に対抗し、米軍の最新鋭迎撃システム「THAAD」を配備しようとした韓国に、中国は自国の安全保障に関わる問題として断固反対すると主張した。韓国政府はこの配備はあくまで北朝鮮に向けられたものであると何度も説明・反論し、配備を決定した。それに対して中国は、「報復」として中国で展開するロッテマートの締め出し、韓流や韓国のイベントなどの停止といった一方的で徹底した攻撃を展開した。2012年の尖閣諸島国有化をめぐる大規模で激しい反日行動も然りであった。

東アジア地域共同体論争から「一帯一路」建設へ

ところで1970年代から、日本を先頭にアジアNIEs、ASEANそして中国と続く「東アジアの奇跡」とまで言われるほどに、東アジアでは目覚ましい経済発展が続いていた。しかし21世紀に入る直前の1997年に突如「通貨危機」が発生し、ASEAN、韓国などで経済の大混乱、停滞が発生した。これに対し、国際通貨基金（IMF）やAPECは有効な救済策を提供することができず、代わって実効性を持ったのは、日本など東アジア域内の協力であった。この経験がきっかけとなって、東アジア諸国に地域の枠内で協力関係を築くことを求める声が高まった。

通貨危機と機を一にして始まったASEAN＋1（日本、中国、韓国それぞれ）の枠組みが、地域協力の有力な基盤となった。ASEAN＋3は、通貨危機直後のASEAN設立30周年の首脳会合に、日中韓の首脳が招待される形で始まった。当初は通貨危機を受けた通貨・金融面の協力が議題であったが、やがて、より広範な地域協力が目指されるようになり、1999年11月には「東アジアにおける協力に関する共同声明」が採択された。その後、首脳会合のほかに、財務、経済、労働、農林、観光、エネルギー、環境の分野で、定期的に閣僚会合が開催されるようになった。将来的な東アジア協力のあり方については、関係各国の民間有識者からなる「東アジア・ビジョン・グループ」、政府関係者からなる「東アジア・スタディ・グループ」が設置され、各種分野における具体的協力が提言された。

ASEAN＋3を契機として、日中韓3か国の協力の枠組みも誕生した。2003年10月には、「日中韓三国間協力の促進に関する共同宣言」が採択された。ASEANと日中韓の地域協力は経済問題を中心に進められた。地域協力の開始とほぼ同時期に、経済統合の第一段階であるＦＴＡの構築も活発化した。１９９０年代以降、世界貿易機関（ＷＴＯ）が加盟国の拡大により機能不全に陥る中で、世界的にＦＴＡの締結が急増した。

欧米に比べ出遅れた東アジアでも、アジア通貨危機後から、各国がＦＴＡ交渉に向けて動き始めた。ＡＳＥＡＮ＋３の地域協力が、域内全体を含む多国間の枠組みであるのに対し、ＦＴＡ交渉は二国間が中心である。しかし、将来的には二国間ＦＴＡを統合し東アジアＦＴＡを目指していくことで、域内にほぼコンセンサスが出てきた。東アジアでは企業の国境を超えた分業により事実上の経済統合が進むようになった。しかしながら、東アジアＦＴＡの構想はなかなか現実には進まなかった。構想の段階からほぼ20年を経た２０２０年11月にようやく「地域包括的経済連携協定（ＲＣＥＰ）」という形で実現するに至った。

その間、日本と中国の関係をめぐって重要な変化が起こった。中国の公式発表による軍事費が日本の防衛費を越えたのが２００６年であった。経済面を見ると、中国は２００８年のリーマンショックによる世界的な経済不況の中でも成長は続き、ＧＤＰが日本を超えたのが２０１０年である。その他、２００８年には北京オリンピックが、２０１０年には上海万博が華々しく開催され、世界における中国の存在の大きさを示した。米国の指導者や国際政治学者らから米中が世界をリードする趣旨の「Ｇ２論」が登場し、中国の一部指導者から「韜光養晦」の放棄が主張されるようになったのもこの頃である。米中を軸に国際政治を捉える傾向が強まる中で、日本の立場は一段と微妙なものになっていた。そうした中で東アジアでは「アジア通貨危機」以来、東アジア共同体の議論が徐々に盛り上がってきた。

2004年9月の国連総会における演説で、小泉首相は「東アジア共同体」構想を提唱し、日本としてその実現を目指していくことを明確に示した。なお、ASEAN+3においても、東アジア共同体構築に関する議論が盛んになっていった。しかし具体的に東アジア共同体構想が動き始めたのは、2004年7月のASEAN+3外相会合で議論にのぼった時からであった。続く11月のASEAN+3首脳会合では、第1回の東アジア・サミットを2005年秋にクアラルンプールで開催することが合意された

これが実現すれば、「東アジア」を冠した初の地域機構が誕生することになる。東アジア・サミットは、東アジア共同体形成への第一歩となるはずであった。しかし、この開催決定は各国首脳の政治判断が先行したものであり、議題や開催方式は確定していなかった。将来的により深い統合を目指すとしても、当面は経済面の統合から進めるのが現実的であった。まずはどのような経済統合を目指すのかを議論すべきだが、それはなされないままであった。参加国についても、ASEAN+3に限定するのか、さらに豪州、ニュージーランド、インドの参加を認めASEAN+6でいくのかをめぐり日中が対立するようになった。

しかし結局、ASEAN+3を主張する中国と、ASEAN+6を主張する日本（背後に米国の影響）とのイニシアティブ争いとなり、この共同体構想は挫折した。その後、先述したG2論

が台頭し、さらに「21世紀の創造的な大国関係」の構築が習によって呼びかけられたが、オバマはむしろ中国をけん制する「リバランス」「アジア回帰」戦略に転じていった。習近平は直ちにこれに対抗した構想を打ち出したが、それが13年9月の「一帯一路」戦略の提唱であった。

筆者の解釈では、中国の戦略は米国の直接的な影響力が相対的に弱い地域（東南アジア、南アジア、中央アジア、アフリカなど）を取り込み、同時に米国との関係が最も濃い地域（ヨーロッパ）にくさびを打つ戦略であった。その意味で「一帯一路」戦略は「中国の米国への挑戦」とも言えるものであった。２０１４年には中国のＧＤＰが10兆ドルを超え、また外貨準備高も世界で突出した３兆１千億ドル強の状況の中で、アジアインフラ投資銀行（ＡＩＩＢ）など中国イニシアティブの国際投資銀行を立て続けに設立し、米国イニシアティブへの挑戦を実践に移した。

米国はこれに強い警戒感を示し、中国ペースの国際経済・金融に歯止めをかけ、米国主導の世界経済の死守を試みている。中国とどう向き合うのかがトランプ、バイデンと続く米国政権にとって最大の課題となった。それを象徴する出来事が、まずは「米中貿易紛争」であった。

確かに米国の貿易赤字は２０１７年で７０００億ドルを超える膨大なものとなっており、その約半分が中国からの輸入によるものであった。しかし、それは単純な米国の大幅赤字の解消問題ではない。やがて重大なイシューとなってきたのが、ハイテクノロジーをめぐる両者の鍔迫《つばぜ》り合い、さらには香港および台湾の統治のあり方・安全保障、中国側から言えば「祖国の統一」の問題であった。21世紀半ばごろにはかなり広範な分野で、中国が先頭に立つ可能性が見え始めてきた。それに対する米国の反撃とも言えるものであり、まさに「チキンレース」の様相であった。たしかに、そうした「大国の興亡」とも言える難題に米国と中国は直面していくのである。

中国の挑戦としての「一帯一路」戦略

2013年以来、習近平は「一帯一路」戦略を展開し、かつ「人類運命共同体」を提唱している。中国の西部から中央アジア、南アジア、中東、そしてヨーロッパと続くユーラシア大陸、さらにはアフリカ大陸を包み込む壮大な発展戦略は、国境を越え、民族を超え、まさに人類運命共同体を目指している巨大な地域空間といえよう。それはあたかも古来言われてきた「天下」を示す空間のようである。強烈な「民族国家」観と壮大な「天下」論とはどのように関連付けられているのだろうか。この問題は中国のイニシアティブに関わる問題でもあった。

「一帯一路」構想はたんなる対象地域の経済発展戦略ではなく、安全保障を含めた新しい安定的な共同空間の構築を目指したものである。既述したように21世紀に突入する前後、「アジア通貨危機」が起こり、その解決の試みの中で地域共同体、すなわち「東アジア共同体」の構築を目指そうとする議論が活発になされてきた。中国も積極的にその議論に加わったが、イニシアティブをめぐって日本と中国が対立し、事実上この構想は頓挫した。その後、中国は国際連携・発展戦略の対象を太平洋から中央アジア、中東、南アジアに展開し、加えて欧州、アフリカとの連携強化に乗り出すようになった。それが「一帯一路」構想であった。

「一帯一路」構想には、第1に国際戦略的意図があり、第2に国内経済の行き詰まりに対する「突破」の戦略的意図があった。まず第1から見ていくと、それは中国から西方面のヨーロッパ、アフリカに至る広大な空間において、まずは流通インフラのネットワークを建設する。陸地では唐の時代に有名であった「シルクロード」の現代版ともいうべき、中央アジアからヨーロッパにつながる鉄道、高速道路、空路、情報のネットワークを築く。海上では、明代の鄭和の大航海を類推させるような福建省から台湾海峡を抜け南シナ海、インド洋、アラビア半島の沿岸地域を抜けて地中海に入るラインで、陸と同様の拠点をつくりネットワークを形成する。これらのネットワークの拠点を中心に直接投資、技術投資、人材投資などによって、経済開発を進め生産活動を展開していけば、やがてともに繁栄した一大経済圏ができるという目論見なのであろう。

先ほども触れたが、「一帯一路」構想は単に対象地域の経済発展戦略ではなく、安全保障を含めた安定的な共同空間の構築を目指したものである。言い換えるなら中国のイニシアティブによる経済圏の創造を通じ、それを土台として明らかに強い政治的意味を持つ「影響圏」「勢力圏」の構築を目指しているともいえよう。2013年以降、中国は「一帯一路」構想を国を挙げて推進することを決定した。

山崎周（キヤノングローバル研究所）の研究によれば、「一帯一路」構想を推進する中心機関は、国家発展計画委員会（発改委）、外交部、商務部であった。その中でも発改委がとくに中核的役割を担っている。この組織内に設置された「一帯一路建設工作領導小組」が、２０１７年５月に発表した文書によれば、重点項目は以下の７つ。①インフラ建設、②貿易、③生産能力や投資の拡大、④金融、⑤環境や生態系の保護、⑥海洋協力、⑦社会交流となっている。

とりわけ、エネルギーの開発と増産を重視し、そのインフラ建設で、ロシアや中央アジア、パキスタン、東南アジアとの関係強化、協力の積極的な推進の方針を示した。さらに発改委と国家エネルギー局が「シルクロード経済ベルトと21世紀海上シルクロードのエネルギー協力推進のための構想と行動」を発表し、また「一帯一路」エネルギー協力クラブ（「一帯一路」能源合作倶楽部）を関係各国の参加のもとに立ち上げた（「習近平政権下の中国のエネルギー外交の政策決定過程」）。さらに２０１８年５月に開催された中央外事工作委員会の会議では、習近平が講話を行ったが、その際に「一帯一路」構想の意義を強調し、その構想の中では、他国とのエネルギー分野での協力が重視されていた。

「一帯一路」建設は、開始当初しばらくの間は順調に発展しているように見えた。特に開発戦略をとって経済成長を強く望んでいる発展途上国では、経済発展のためのインフラ整備が喫緊の課題となっており、そのための資金の確保、さらにはインフラ建設技術の導入などが必要とされた。しかし、世界銀行やアジア開発銀行などの、既存の国際金融機関の保有資金だけではかなり不十分であった。その意味では豊かな外貨を使ってアジア・インフラ投資銀行（ＡＩＩＢ）などの国際金融機関を立ち上げ、それを基盤にして提起された中国の「一帯一路」構想は、途上国にとって魅力的なプランであった。事実、あるインドネシア研究者に、同国の「一帯一路」構想の印象を聞いたところ、経済開発に積極的に取り組んでいることから、「一般的には肯定的なイメージを持っている」と回答があった。

「一帯一路」戦略はEUにおいても、中国からのEUへの投資の起爆剤として同構想が期待された。２０１７年6月の第19回EU・中国首脳会議では、従来独自に進めてきたEU域内の交通網の整備計画を、中国の「一帯一路」構想と連結する新たな道が開かれた。

同会議においてはさらに金融面での協力支援を進める構想が合意され、欧州都市基金とシルクロード基金（２０１4年12月に習近平が提唱）の相互協力の覚書が調印された。２０１７年5月に開かれた「一帯一路」国際協力サミットでは、１３０カ国の政府関係者、29カ国の首脳が出席し北京で大々的に催された。当然ながらも、中国が「一帯一路」空間において強いイニシアティブを発揮できるようになるには、中国とこれらの国々との強い信頼関係、互恵関係、協力関係がなければならない。

しかし以下述べるように中国とこれらの国々とのあいだには、様々な摩擦・齟齬が生まれ、ギクシャクした関係も目立つようになっている。特に２０１７年以降は関係各地域から、具体的な反発・抗議のニュースも少なからず聞かれるようになった。

まず、投資借り入れ国の膨大な負債問題がある。中国からのインフラ建設投資による膨大な負債を抱え、返済能力を超え国内の資源開発権の中国への譲渡や、港湾の租借を強いられるなど、自国の経済主権が脅かされ、反発するケースである。典型例としては、スリランカのハンバントタ港湾建設がある。２０１０年以来中国の大規模融資（１５００億円、返済利率６％）で進められてきたが、返済の能力を大幅に超え、スリランカ政府は２０１７年初め運営権を99年間、中国企業に貸し出すことで合意を余儀なくされた。

さらに２０１８年６月のマレーシアで実施された総選挙の結果は、中国の経済支援と深く関係していた。当時のナジブ政権は、中国資本によって国内の高速鉄道建設を推し進めてきたが、やがてそれによる膨大な負債を抱えることが判明した。国民のそれに対する反発を背景に92歳のマハティール前首相はナジブ批判を展開し勝利し、マハティール政権が再び成立した。彼は直ちに訪中し、同建設プロジェクトの中止で中国と合意するに至った。もっともその後のマレーシア当局は中国に対して友好的、融和的である。インドネシアにおける中国融資による高速鉄道建設の中断も同様の性格のものであった。パキスタンは中国とははるかに友好的であると見なされているが、同様の問題を抱えるようになった。

「一帯一路」沿線国各地におけるインフラ投資の多くが、具体的な建設の段階になるとことごとく中国企業、中国人作業員によって進められ、これに対して現地の反発が増大していることも問題になっている。例えばこの構想に対して、「中国・北京に駐在のEU28カ国の大使のうちハンガリー大使を除く27人が、中国の「一帯一路」を批判する報告書に署名した」とのドイツメディア「ザ・ディプロマット」の報道が流れた。また中欧・東欧では、中国企業による投資・買収について「想定していた水準の大型投資が少ない」「現地雇用拡大への貢献が限定的」などの声も多く、「中国＝落胆」論が急速に広がり始めているとのレポートもある。

あるいは西欧を中心とした中国企業による「先端技術企業の買収」を契機に、「中国＝脅威」論が強まりはじめている。また、欧州で最も積極的に中国との関係強化を目指し「東方開放戦略」を提唱してきたハンガリー政府の中でも、中国の対応が期待していたほどではないことに対し「中国＝落胆」論が急速に広まっている（「欧州における一帯一路」２０１８年3月号）。

安全保障をめぐって、いくつかの国との緊張・摩擦を引き起こしていることも懸念材料である。中国当局は「一帯一路」構想には地政学的な野心は存在しないと主張してきた。近年、一部の国々では中国が建設した鉄道や港湾等が、有事の際には軍事目的で利用されるのではとの疑念が起こっている。例えば中国と領土問題を抱え、軍事衝突を繰り返した過去を持つインドの反発がある。インドは「21世紀海上シルクロード」の実態はいわゆる「真珠の首飾り戦略」（中国が整備する港を結ぶとインドに掛けられた首飾りのような形状となる）だと警戒する声もよく耳にする。

以上のような各国の中国に対する反応は、中国に対する期待値は全般的に高まっているものの、様々な面で不満が蓄積されており、いまだ自分たちを引っ張ってくれるリーダー的な国として認めるには至っていない、ということを示しているのである。

次に、「一帯一路」構想の第2の、国内戦略の視点から考えてみよう。2014年5月に河南省を視察した時、習近平は初めて「新常態」という表現を用い、高度経済成長の終焉に伴う、経済構造の転換の必要性を説いた。この経済構造上の重要な問題を関志雄《かんしゆう》は「生産年齢人口の減少と農村部における余剰労働力の枯渇による労働力不足である」と指摘している（『中国「新常態」の経済』日本経済新聞、2015年）。有り余るほどに保有する外貨を使い、戦略的に意味のある広大な地域のインフラを整備し、その地域に中国の企業家らを送りだし、現地の労働力を活用し、さらに市場を開拓して経済を発展させる。それは国際的にも国内的にも「一挙両得」ともいえる戦略構想であった。

この頃、国内における民間企業の低迷、国内雇用の縮小が深刻になっていく中で、中国政府は民間企業に対して、「一帯一路」建設に関わる地域への進出を奨励した。さらに「一帯一路」戦略は、各地域の比較優位にそって明確な目標をたて、それぞれを国内および周辺諸国と連結させていこうとするものであった。このような戦略が成功するために必要なのは、各地域で中核都市が経済的に魅力のあるものになり、ローカルハブとしての都市拠点が形成されていくことである。

ある外国の「報告書」はこのような考え方を別の側面から批判している。例えば、河南省鄭州のケースをあげ、「鄭州を「帯」と「路」の貨物輸送のハブにするという提案は、やはり「一帯一路」構想を地域投資の促進のための口実として利用しているに過ぎない」といった批判的な指摘もあった（Tom,Miler, CHINA'S ASIAN DREAM; Empire Building along the New Silk Road, 2017）。しかもそれは海外の現地労働者の雇用摩擦を引き起こしており、同時に国内における農民工ら低所得労働者の解雇の増大等をも引き起こし、いわば国内外からの挟み撃ちの状況になってきたのである。

このような事態に対して２０１８年の夏以降、国内の識者から「一帯一路」政策の見直しを求める声が出始めてきた。習近平の母校、清華大の許章潤《きょしょうじゅん》教授は中国の比較的リベラルなシンクタンク、天則経済研究所のウェブサイトに7月24日付けの論文を発表し、「官僚エリートを含め国民が国の方向性に不確かな気持ちを強め、深い不安感を感じている」、「不安の高まりが国全体にパニックのように広がっている」と指摘し、また「無原則にアジアやアフリカを支援していけば中国国民の生活を締め付けることになる」とも直言した。

許章潤教授が中国当局に拘束されたという情報は今のところないが、何度も事情聴取のために当局に呼び出しを受けていると言われた。天則経済研究所のウェブサイトが閉鎖されたという情報もある。他にも山東大の孫文広《そんぶんこう》・元教授が8月に、「中国国内にも貧しい国民が多いのに、外国に金をばらまく必要があるのか」などと批判し、当局に一時拘束されたと言われる（『産経新聞』２０１８年10月12日）。情報の締め付けは依然として厳しいといわねばならない。「一帯一路」戦略の実践を通して、国内外が共に繁栄するというウィンウィンの実現は、容易ではない。

習近平の「頂層設計」の諸刃性

習近平が党総書記に就任する前後から、彼の政策決定の特徴は「頂層設計」だといわれてきた。すなわち、トップダウン方式で政策決定を行うという意味である。

胡錦濤前総書記の時代には、政治局常務委員にそれぞれの担当部署の最高責任を負わせ、胡錦濤自身が集権的にリーダーシップを発揮するという形式はとらなかった。例えば、経済財政は温家宝、治安は周永康《しゅうえいこう》、台湾・香港問題は賈慶林《かけいりん》、そして胡錦濤は外交といった具合である。これは一見すると民主的な集団指導体制のように見えたが、他の指導者が管轄領域を超えて影響を発揮することが難しくなり、大事な問題での内部対立が目だち、なかなか統一的な決定ができなかったといわれるようになっていた。

そのことに早くから気付いていた習近平が総書記就任早々、前述したような習個人に集中する決定方式を明らかにし、さらに各分野の実質的な指導機関——例えば外交では中央外事領導小組、経済では中央財経領導小組など——の重要なもののすべてのトップ（組長）のポストを習近平自身が占めた。さらに中央軍事委員会の副主席、総参謀長クラスの指導者（多くは江沢民の息がかかった人物）をことごとく失脚させ、自らの権限を強化した。

習近平の第2期政権に入ると、集権化と同時に権威化にも力を入れ、「習近平は党の核心」「習近平思想」などを党規約に盛り込むことに成功した。こうした中で、習近平は次々と国内発展戦略、国際発展戦略を提起し、強引にそれを実行に移していったのである。「一帯一路」戦略はまさに大国化につき進む中国の重要な国際発展戦略の柱であった。中国が自身の広大な経済・政治圏を構築する試みは、イニシアティビズムの実践そのものであった。

しかしトップダウン方式は、一方的に習近平指導部の作成したプランを下部に、あるいは他地域に押し付けることとなるため、本当に積極的な支持を得ているかと問えば疑問である。とりわけ外国の場合には、発言を気にする必要もなく、自分に利のないことには拘らないという姿勢も取れるだけに、縛りは効きにくいと言えよう。ある著名な東南アジア経済研究者に、東南アジアでの「一帯一路」の受け止め方を問うた時、タイのケースを上げながら、「タイでは特に一帯一路戦略に賛同するかどうかが問題ではなく、タイにとって経済メリットがあるかどうかがか最大の関心だ。中国案件にメリットがあれば承認する。それを中国が一帯一路の推進というか否かはタイにとってどうでもよいことだ」と答えてくれた（2016年4月インタビュー）。

「一帯一路」戦略が経済的な問題だけなら、それでいいかもしれない。しかし習近平にとって、同地域における「運命共同体」の構築につながらなければ意味がない。そのためには中国式のやり方、価値観に対する共感、共有といったレベルにまで関係を作っていかねばならない。果たしてどのようなやり方でそうした「運命共同体」を作り上げていけるのだろうか。トップダウンの政策決定方式のままで行くと、本当に現地のニーズに基づかないで、習近平政権の恣意的なもくろみで動くことが少なからずある。それが上述したような各地からの様々な異議申し立てとなってきたのである。戦時中に日本帝国が推進した「大東亜共栄圏」構想、毛沢東が文革期に提唱した「第三世界」構想も一方的なトップダウンであり、ごく一部の国を除いて冷ややかな、もしくは反対の意思を示したにすぎなかった。

これまでも指摘してきたが、「一帯一路」構想の目標は、米国一国覇権の国際秩序を打破し、中国イニシアティブの新たな国際秩序=習近平の言う「人類運命共同体」の構築を目指すものであった。しかしその「美しい」構想は、国内外の様々なレベルから批判や抗議を生み出し、前途には、中国の利益と現地各国の利益の衝突をどのように調整するか、国内の増大する格差と矛盾への対応とこの構想とのバランスをどのようにとるのかなど、さまざまな難問が浮かび上がってきた。

構想する段階から実践する段階に入って、結局のところ参加各国が真に「一帯一路空間を運命共同体」とみなせるようになるには、一方的な「頂層設計」(トップダウン方式)ではなく、関係各国が参加できる政策決定メカニズムの改善・制度化こそが重要になってくるのである。それは文字通り中国のイニシアティブを保ちながらも「リベラルな新国際秩序」を構築していくプロセスとなる。

習近平はやたらと「運命共同体」という言い方をする。地域の運命共同体を作ろう、人類の運命共同体を作ろうと言うのだが、しかしその中身は依然として曖昧なままである。自らを運命共同体の核心に位置付け、国境を越えて権威主義的な秩序空間を創造する、まさに「王道的国際秩序」を目指したものと言えるのではないだろうか。他方で２０２０年から21年にかけての習近平の発言を見てみると、ＲＣＥＰ加盟、ＡＰＥＣ首脳会議への習近平の参加、ＴＰＰ加盟申請、「我々は国連中心主義の立場」（21年秋の国連総会での習近平演説）など、既存の国際的枠組みへの積極的な参加が目立っている。「人類運命共同体」という新しい国際秩序構想とは一体何なのか、既存の国際秩序ではなぜいけないのか。新たな制度作りをどのように進めようとしているのかなど不明確な点が多い。

もしかすると、この構想は習近平が叫んだ単なる政治スローガン、あるいは「絵に描いた餅」で終わってしまうのか。これから5年ほどの期間が真価を問われるとても重要な時期になってきているのではないだろうか。中国が「一帯一路」空間において強いイニシアティブを発揮できるようになるには、中国とこれらの国々との強い信頼関係、互恵関係、協力関係がなければならない。

前述のように２０１７年5月に開かれた「一帯一路」国際協力サミットは、１３０カ国の政府関係者、29カ国の首脳が出席し北京で大々的に催された。この「一帯一路」首脳会議の特徴は、習近平が非常に低姿勢に出たことと、質の高いインフラを造り上げることと、国際ルールを遵守する、持続可能な支援に配慮するということを強調したことであった。つまり相手側の、支援を受ける側の能力、あるいは返済能力とかそういうものを含めて持続可能な支援に配慮するということを言い始めている。修正を加えてきたということである。見通しとしては、国際通貨としての人民元の向上があるのだが、ただし、人民元圏ができるかどうかは疑問である。これを作れれば中国のイニシアティブはかなり実現性が高くなるということである。しかし、2021年に入りEU・中国関係は摩擦、対立が目立ってきた。「大筋合意」していたEU・中国投資協定に欧州会議が待ったをかけ、凍結となった。ウイグル人権・台湾問題をめぐり、リトアニア・中国関係が悪化、EU全体としても中国批判が強まっている。

それにしても「言うは易し、行うは難し」である。まさに習自身の言ったことが、実行されなければ意味がないということである。

終章　秩序と民主主義——専制主義の超克に向けて

　本書の結びにあたって、中国という国が抱いていた最大の関心事は、どのようにすれば安定的な秩序を構築することができるのかであったということを再確認しておきたい。人間の要素からその実現を図ろうとしたのが中国的なものの考え方であり、制度・システム・手続きなどによってその実現を図ろうとしたのが西洋的な思考であった。国内社会においては、問題はあまた存在しているにせよ、長いスパンで見れば大方、デモクラシーの制度・手続きなどが機能するようになっている。現在の中国指導者は不同意かもしれないが、長期的には、中国を含めた世界の国内政治体制の趨勢はそのような方向を歩むことになるだろう。

　他方で国際秩序の構築に関しては、いまだ暗中模索の状況にあると言わざるを得ない。西側的思考から提示された国際秩序を作る三つのタイプとは、①覇権安定論、②バンドワゴン安定論、③均衡（相互依存的）安定論であった。改めて言うまでもないことだが、①は圧倒的な力を持つ覇権国家が力を背景に、自らのヘゲモニーで秩序を構築することである。②は強い覇権国の存在は①と同じであるが、構成国が主体的に覇権国に依存・服従して秩序をつくることである。③は突出した覇権的な国が存在しない状況下で、調整・妥協・相互依存などによってある種の安定的な枠組みを構築し秩序を構築することである。

これに対して中国の国際秩序論は、そもそも国境という概念が希薄であったことからもわかるように、国内秩序のロジックの延長線上で国際社会の秩序を考えていた。それはすなわち天子の導き＝王道によって実現されると考えられた。そこで新しい国際秩序像を「王道論」から説明している、興味深い論文が、第六章で紹介した王双《おうそう》「平衡、融合と引導——新世界秩序構築における中国の役割」であった。王双によれば、現段階から未来の世界新秩序を考えるにあたって重要な概念は、①平衡、②引導、③融合である。

①の平衡とはバランスオブパワーであり、事実上米国との間の大国関係を意味する。②の引導とは後発国の発展支援を通じて関係を強化し、中国モデルの奨励によって影響力を拡大することである。③の融合とは、経済統合の上に民族、人種、宗教などを問わず、お互いがひとつの大家族のようにまとまることを意味する質の高い統合、すなわち「大一統」である。ただし、この間の中国当局の動向を見れば、国内の少数民族、周辺民族にとってこの「融合」とは漢族的な中国への同化にほかならない。主に①は大国間関係の調整、②は地域メカニズムの構築、③は未来の秩序構築における新たなモデル、アイディアの提供がポイントになるという。こうした考え方は、

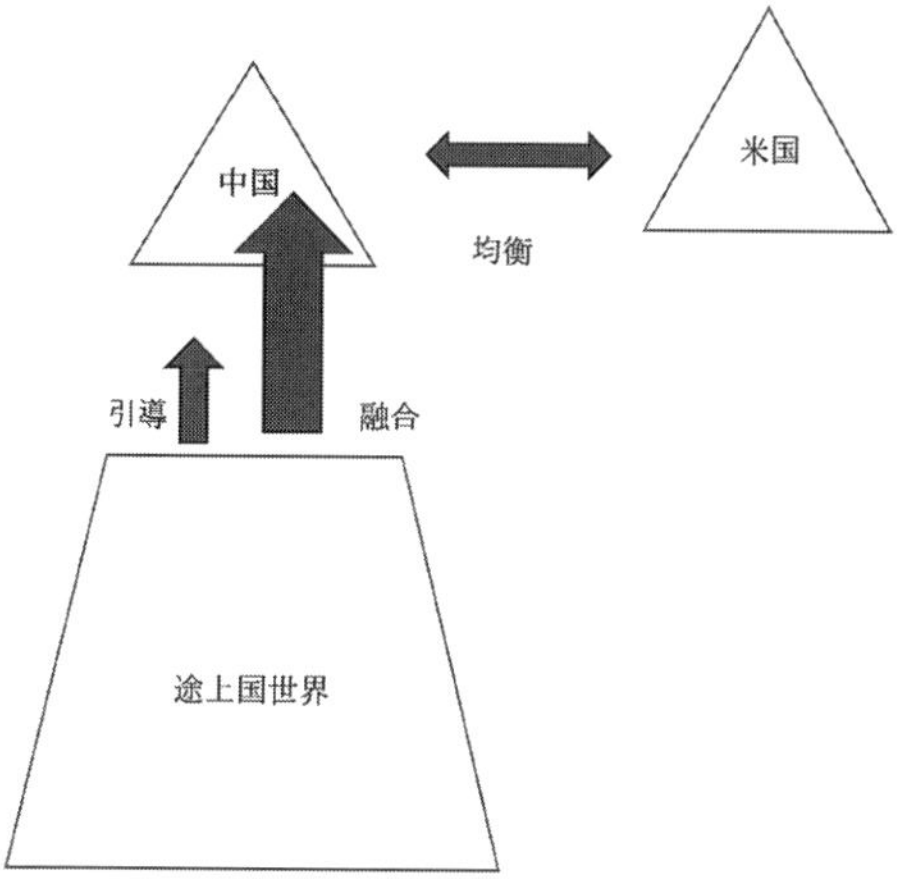

図6　王双が描いた中国を軸とした国際構造

必ずしも単なる学者のアイディアに留まるものだとは言い難い。

２０１８年8月の中国アフリカ協力フォーラムにおける習近平は、「中国は開放・融合、協力・ウィンウィンの道を堅持」し、「運命共同体の構築を推進しよう」と語った（人民網）。あるいは、21年の国際情勢における重大な変化として、アフガニスタンにおけるタリバンによる政権奪取という事件があった。これに関して8月19日に英国外相と電話会談を行った王毅外相は、「国際社会はタリバン政権に圧力を加えるのではなく、励まして導くべきだ」と主張した。まさに「引導」の考え方である。

おそらく２０１３年以来、中国が提唱してきた「一帯一路」の考え方は、遅れた地域における「引導」、自分たちの陣営に取り込んだ後の「融合」を目標として進められているのであろう。

そして習近平が繰り返し強調している「人類運命共同体」の建設が最終的に目指すところであろう。それは明らかに、これまでの米国主導の国際秩序への挑戦であり、中国的な特徴を持った新たな国際秩序の形成を目指したものである。たしかに、習近平指導部になって米中の「新しいタイプの創造的な大国関係」の提唱が繰り返されているが、その内容は相互調整による「平衡」をめざしているように見える。ただし王双論文では「大国関係」としてロシア、日本などの関係も論じられている。書かれた時期が２０１０年で、「Ｇ２」を明確に目指す習近平の台頭はまだ不確定だったことが関連していたのであろう。

　すでに紹介した２０１３年10月の「周辺外交座談会」で、習近平は中国語を用いて「周辺外交の根本方針は、隣国との関係を善くし隣国をパートナーとして、隣国と睦まじくし隣国を安寧にし、隣国を富ませることを堅持し、親密、誠実、恩恵、包容の理念を際立たせることである」と力説した。「親」「誠」「恵」「容」はまさに『大学』に出てくる言葉であり、睦隣、安隣、伴隣は中華王朝が周辺諸国との関係構築の原則とした表現であった。そしてこのような周辺外交を展開することを通して、自らの影響圏、すなわち「大中華」の世界が戦略的に構想されていると言えるのである。これは２０１３年11月に開かれた日韓の識者交流ワークショップの際に、韓国の現代中国研究者から聞いた話であるが、中韓シンポジウムで中国側から「中韓の伝統的な朝貢関係も悪くはなかった」と言われ、複雑な思いをしたとのことである。明らかに伝統的な思考を積極的に評価しながら、これからの周辺関係が展望されているのである。

大中華圏のイメージとしては、経済的繁栄の中国になびく周辺諸国のみならず、政治・安全保障の面でも文化面でも中国依存を強めていく周辺諸国というイメージなのであろう。たしかに経済的には、周辺諸国にとって貿易相手国一位はすべて中国であり、これらの国と中国の間で人民元の兌換化が進んでおり、まさに「人民元圏」が形成されつつある。安全保障面では、急激に増強する軍事力を背景に東シナ海、南シナ海などの海域、空域での主導権拡大に力を入れている。エネルギー・反テロを中心に中央アジアとの連携も進んでいる。加えて２０１３年12月、核を放棄したウクライナとの間で中国が「核の傘になる」合意協定が結ばれた（『人民日報』２０１３年12月６日）。

周辺諸国に対して、今後もこのようなアプローチは拡大されていくかもしれない。しかし、中国の目指す「中華民族の偉大な復興」のためには、ソフトパワーでの中国の影響力の増大が問われる。そのために21世紀に入り、世界各地で中国語、中国文化の普及を目指した「孔子学院」が設置され、活動を展開している。あるいは欧米モデルに対抗した「中国モデル」、中国の特色のある発展、「北京コンセンサス」といった表現が氾濫するようになっている。２０１３年には復旦大学に「中国モデル研究センター」までが設立されたと聞く。復旦大学教授で、現在は党中央政治局常務員（トップ７）にまで上り詰めた王滬寧《おうこねい》の、肝いりの研究機関なのであろう。

しかしながら、「中国モデル」「中国式特殊論」を強調すればするほど、国際社会で通念化している普遍的概念とは対立することになる。そうであるならば、かりに中国が経済的、あるいは軍事的に米国に追いつく状況が生まれたとしても、そのことでもって世界が中国モデル、中国式特殊論を受け入れるということにはならない。何故なら、何度も言うように中国の発展は基本的な枠組みとしては、人類とりわけ現在の先進諸国が取り組んできた工業化、近代化の道であり、そのような道を後発国の優位さをフル活用しながら、推進してきた結果なのだからである。中国経済学の長老である呉敬漣教授をはじめ多くの中国人学者も、それはよく知っていることである（『朝日新聞』２０１２年１月６日）。

中国自身がそのような現実をありのままに認識し、そうした人類の普遍的価値や枠組みの重要性を素直に評価し、現存の国際秩序に取って代わる新たな国際秩序を構築しようとするのではなく、そうした延長線上にすべての国際社会の構成者が求めるような継承発展型の新たな共生型の国際秩序のために貢献するとしたら、それは国際社会から歓迎されるものとなろう。２０２１年に入り、中国の行ってきたことは世界の普遍的概念に沿ったものである――中国的特殊ではない――との主張が出てきた。しかし、その論調は自分たちが「普遍的概念の推進者」であり、米国はそこからの逸脱者であるとの主張で、その強引なロジックには首を傾げざるを得ない（これについては後述する）。

米中関係の本質

　ではこのような伝統思想にこだわる中国と、主役の交代に危機感を増大させている米国の関係から見て、これからの世界をどのように見通せばいいのか。パックスシニカは来るのか。米中が何らかの形で手を携え、協調もしくは協力する関係を構築するのは無理なのであろうか。

　もちろん、両国とも全面的な対決は避けたいという意向は強い。何よりも世界のGDPの40％近くを占め、両国とも最大の貿易相手国同士という現実は、自らの経済の持続的発展、コロナ・パンデミック後の再浮上において、互いに欠かすことのできない国でもある。その意味ではある程度の協調関係が復活される可能性はある。しかし、2013年に習近平が提唱したような「21世紀の新しい創造的な大国関係」の構築はほぼ不可能であろう。中国は強い意志を持って米国にチャレンジし続けるだろう。習近平は2020年10月の朝鮮戦争参戦70周年で演説し、「極限まで圧力をかける米国のやり方は全く通用しない」と、強気の姿勢を堅持し米国を強く批判した。

　中国の対外的な出方を考える上で、今日いささか注視しておくべき微妙な変化を二点指摘しておきたい。第一は、中国はこれまで飛躍的に増大するパワーを背景に、「戦狼外交」と呼ばれるほどに強硬外交を展開してきた。しかしここ数年、習近平は「外国の人々に愛され尊敬される中国になろう」という呼びかけを進めてきている。筆者は以前から強い中国を誇示しようとするだけでは、いくら強大になっても「覇権国家、怖い国」と思われるだけで、中国にとってメリットは大きくないと指摘してきた。習近平指導部も、ようやくこの点に気付き始めてきたといえるかもしれない。事例の一つとしては、すでに指摘したが、2019年の「一帯一路」首脳会議において、習近平が珍しく穏やかな表情で低姿勢に出たことと、質の高いインフラを造り上げることと、国際ルールを遵守する、持続可能な支援に配慮するということを強調していたことである。

もう一つの特徴として、これまで指摘したように中国は「中国の特色ある…」「中国型の…」といったように中国のオリジナル性を強調することがよいことであると考えてきたことがある。しかし最近では「中国の方が普遍性がある」と言うようになってきている。その典型的なケースが前にも紹介した、2021年3月のアラスカにおける米中会談での、楊潔篪党政治局員の発言であった。「我々の価値観は人類共通の価値観と同じで、平和、発展、公平、正義、自由、民主だ。…中国と国際社会が、従い、支持しているのは、国連を中心とする国際システムと国際法に裏付けられた国際秩序である」と、中国は国際社会と歩調を合わせながら活動をしているということを強調した。

そして米国の主張を、むしろ国際社会の潮流とは符合していない異質なものと位置づけようと試みた。いわく「我々の目指しているものは、一部の国が提唱するいわゆる「ルールに基づく」国際秩序ではない。…我々は米国が自らの印象を変え、自己流の民主主義を、他国に押し付けるのを止めることが重要だと考える。実際、米国民の多くは民主主義への信頼を失い、米国政府に対して様々な意見を持っている。…米国や西側諸国は国際世論を代表することはない。米国は世界の代表ではない。…世界の圧倒的多数の国々は、米国の提唱する普遍的な価値観や米国の意見が、国際世論を代表すると認識していないだろう」。そして「中国には中国の民主主義がある」と言い切ったのである。民主主義をめぐり、統治をめぐり、経済発展をめぐり、あるいはエコロジーをめぐり、中国はいつでもアメリカと競争し勝つ自信がある、とでも言いたげな演説であった。

しかし長期にわたって中国を観察してきた筆者から見れば、中国の主張することをそのまま鵜呑みにすることはできない。既に論じてはいるが、第1に、南シナ海にあるミスチーフ礁に人工島を造成し軍事基地化したことなどに対し、フィリピンが国際常設仲裁裁判所に違法として提訴し、2016年7月12日にフィリピンの提訴が全面的に受け入れられた。中国側は敗訴という形になったが、この判決を全面的に無視している。同裁判所は、「海の憲法」とも呼ばれる国連海洋法条約（中国もフィリピンも締約国になっている）のもとに設立されたもので、楊潔篪が主張するように「国連を中心とする国際システム」を尊重しているのならば、常設仲裁裁判所の決定を無視することは理にかなっていない。

第2に、同じ南シナ海問題で、中国とASEAN諸国は2002年に「南シナ海に関する関係諸国の行動宣言（DOC）」を締結し、領有権をめぐる紛争の平和的解決をめざして敵対的行動を自制するなどを約束した。しかしその後も中国は、南シナ海海域におけるフィリピンやベトナム漁船の拿捕、人工島や軍事基地の建設などに見られるように、強硬な拡張主義政策を進め、ASEANはDOCの宣言だけでは不十分であることを痛感した。そこでこの宣言を行動規範

（Cord of Conduct）に高め、拘束性を持たせるよう努力を続けている。しかし中国側は表向きは賛成し合意しながら､自らの行動が規制されることを望まず､約20年を経た今もなお締結には至っていない。このような態度も、楊潔篪の発言と現実の行動が乖離していることを示しているのではないか。美しい言葉で語っていることと、現実に行っている行動の乖離は問題視せざるを得ない。しかし、中国当局が「普遍性」という言語を用いて、自らの主張を展開するようになったことは、同じ土俵に乗ってきたということで注目に値する。

第3に、第一章でも触れたが民主主義とは、一般には「人民が主権を持ち、自らの手で自らのために、政治を行うことを認める立場」と言われている。楊潔篪は、「少なくとも普遍性を体現しているのは米国ではなく､中国だ」と力説している。ならば少数者とは言えないウイグルの人々や香港の人々が、自由や民主を求めて行動したことを、中国当局はなぜ有無も言わせず力づくで弾圧し、彼らの多くを拘束するのか。世界の中で民主を尊重する国で、民衆から国家や政権が批判されることを禁止している国などはない。もちろん国家が倒される危険性に晒されている場合は別である。「愛国者」であることを踏み絵として、選挙行動が許可されるといったような選挙を民主主義的な選挙といえるのだろうか。

第4に、国際公共財についてである。筆者は10年ほど前に、以下のように「特殊性を強調する」中国の姿勢を批判したことがある。中国の、「中国的特色、中国的モデル、中国的秩序」といった過剰な強調は、⑴結局世界に「特殊な国中国」をアピールするだけである。アメリカと対等の経済力・軍事力を備えたとしても、今のままでいくと真の世界のリーダーにはなれない。(2)自国利益最優先で自国に不利な国際社会のルール、規範を無視・軽視する、国際協力・貢献に非常に消極的である。つまり国際公共財という概念がまだまだ中国の中に育っていないと。中国はしばしば国際ルール、システムは欧米諸国が作ったものだと批判し、非協力的であった。

しかしそれらがたとえ欧米出自でも、長い年月をかけて、多くの国がその意義や有効性を認識するようになり、その存在を共同で尊重するようになった時、それを国際公共財と呼ぶ。国際的な公共財はお互いが共有できる財産という認識が基本である。そこのところを「欧米出自」を理由に無視することは甚だよろしくないことである。その出自を問題にしても意味がない、ということを我々はもっと強調すべきである。中国自身がその考えを克服しないと駄目だろう。他方、国際社会はどう受け止めるだろうか。自分の都合で勝手にふるまう大国は、尊敬する大国ではなく、ただの強国、脅威となる。

楊潔篪の発言は、経済力、軍事力などの対抗にとどまらず、政治哲学、国際社会の役割など全方面にわたって米国との対決に怯まず、断固として戦うという決意表明にもとれる。だが見方を変えるならば、これまで同じ土俵に乗ろうとしなかった中国が、同じ土俵の上で論戦に挑むという姿勢を示したとも受け止められる。それは大変結構なことである。そこで繰り返しになるが、楊潔篪の発言をもう一度確認しておきたい。彼は言う。「我々の価値観は人類共通の価値観と同じで、平和、発展、公平、正義、自由、民主だ。…中国と国際社会が、従い、支持しているのは、国連を中心とする国際システムと国際法に裏付けられた国際秩序である」と。ここで彼が「価値観」として用いた言葉は、少なくとも政治哲学的には全て「西欧出自」の概念である。また「国連を中心とする社会システムと国際法」も、いずれも西側の大国が作り出した枠組みである。これをもって米国批判の武器とすることは、無理というものであろう。

筆者の中間的な判断としては、当面は米中の対決・緊張は継続するであろうと思う。しかし徐々にではあるが、おそらく米国の中国への対応は微妙に変化するのではないだろうか。もちろん中国側の対米アプローチのソフト化が前提ではあるが。米国も中国も徹底的な勝利を目指すのではなく、ある段階で相対的に有利な妥協点を見つけることを目指すようになっていくだろう。

日本としても、中国側の戦略と本音をどう読み解くかに長けていかねばならない。2021年7月末の党中央政治局会議では、2035年に向けての基本戦略の策定に入ることを決定した。おそらく経済力、軍事力で米国と肩を並べる目標をより具体化することになるだろう。中国としては強気の姿勢を強める米国に対して、毅然とした姿勢を見せつつも対決を避け、たくみに世界における影響力の拡大を図ることに主眼が置かれるのではないか。最もヒートアップしているAI分野について「米中関係は悪化し続けている。それでも中国のAI関連企業は資金調達に成功し、海外展開を加速している」「米国が中国を抑えこもうとすればするほど、中国の技術面での自律化が進んでいるように見える」「中国がAI関連の研究で主導権を取る流れが加速する可能性がある」(英紙フィナンシャル・タイムズ)といった意見もある。

筆者の米中関係の見方としては、両国とも米中関係以外に国内外において深刻な問題を抱えている。米中対決は厳しくなっているが、パワー・トランジションの問題は、まだ目に見える形では起こり始めていない。仮に本格的にこの問題が問われるようになるとすれば、中国の場合、単なるハード・パワーの問題だけでは駄目である。具体的な大きな問題としては、まず「一帯一路」をめぐる成果が徐々に表れ、中国を支える国際的な基盤が拡大・強化されていくことが前提となるだろう。しかし、先述したが問題は一段と顕在化している。さらには地球温暖化、コロナパンデミック対策など国際的な貢献をめぐって国内外の評価がどう出てくるか。単に米国との総合国力の関係がどうかと言うだけではなく、それらを総合してみて初めてパックスシニカの展望が出てくるのである。

他方米国も、経済の立て直しをはじめ、治安、人種対立など国内の課題も深刻であるが、「アメリカファースト」を強調し、国際社会が抱えている課題に対して無関心、無頓着になることは許されない。もちろん、バイデン政権はこのことを強く意識している。だが、次の大統領選挙を見据えてみれば、バイデンの高齢化・後継者問題、トランプの政権奪取の可能性なども気がかりとして残っている。米中関係の短中期的な見通しでさえ、10年～30年のスパンで見ていかなければならないものだと思う。

今回の米中対立は、メディアで「新冷戦」と騒がれるほどにはイデオロギー性の強いものではなく、相互依存的に共有する利害も少なくない。もちろんこれまで見てきたように、中国の伝統思想に見られる、民主、権威主義、制度、秩序などに関する考え方の根本的な相違は存在している。しかし共通性も同時に少なくない。超大国のトップの座をめぐるイニシアティブ争い、その意味でのパワー・トランジッションをめぐる争いといえるものでもある。

したがってイデオロギー、政治・経済体制、陣営などで争った「米ソ冷戦」とは、異なる面が多い。イニシアティブの調整さえうまくできれば――難しいことではあるが――、決定的な米中対決を避け、米中共存の道が開かれる可能性は残っているのではないだろうか。

中港関係と米国

そうは言うものの、中国をめぐって直面する重大な政治的危機に、どう向き合うかは考えておかなければならない。

まずは香港をめぐる米中関係である。香港問題は、決して楽観はできない。「香港国家安全法案」が、２０２０年６月28～30日に開かれた全国人民代表大会常務委員会で採択され、施行された。同法案は、前年香港での反中央政府の取り締まりを強化しようとした「逃亡犯条例」が、圧倒的多数の香港人によって拒否されたため、中央当局が香港当局をスルーし、上から一方的に取り締まりが強化できる同条例を制定したというものである。香港住民の声がどんなに大きなものであろうと、中央政府はそれを無視し、国内外の異論を強引に抹殺し、同法の採択に踏み切った。その後の香港では、政治家、学生リーダーたちから無力感を漂わせる声が聞こえてくる。さらには多くの人々が香港脱出を決意し、台湾、欧米、カナダ、豪州などへの移住を本格的に検討し始めるようになった。

今日、「米中冷戦」――理論的にそのように言えるかどうかは別として――が普通に語られるようになり、香港はまさにそのホット・スポットとなった。さて2019年来の中港関係の変化を流れとして見るならば、強力な中央のイニシアティブにより、香港は間違いなく形式上は「中国化」を加速させられている。具体的にみると、おそらく2047年（一国二制度の期限）を待たず、政治的には北京の直接のコントロール下に置かれ、名前ばかりの香港特別行政区政府が残るか、それとも香港人民政府と香港人民代表大会が新たに設立され、政治行政が行われ、経済的には深圳、広州、珠海、マカオなど華南経済圏に組み込まれ、中国の先進的地域経済共同体としての役割の一端を担わされるかもしれない。もちろん北京は、このような状況下でもこれまでの情報・金融・人材などの先進的な国際都市として、香港の機能を維持・発展させることに全力を挙げるだろう。そして仮にそのような事態が出現するならば、それは北京にとって思惑通りのシナリオの実現と言えるかもしれない。

しかし事は北京の思惑通りに進むのだろうか。筆者は決してそのようには思わない。北京が認識しなければならないことは、このような事態を、香港の圧倒的多数の人々も、経済・世論を含めた国際社会も、全く望んでいないということである。このような強引な突破はむしろ、長期にわたって成長・発展を続けてきた中国の「凋落の第一歩」に足を踏み入れたことを意味するのかもしれない。何故なら香港は、第一に経済的に自由な活動が保障され、第二に国際金融が活発であり、第三に制約はあるにせよ表現の自由が保障され、自由に情報がキャッチできるのが特徴であり長所であった。そうした香港の存在こそが、これまでの中国の飛躍的な経済発展の重要な原動力の一つであったのだ。おそらく、英国式の司法の独立など大幅な自治を認めた「一国二制度」が形骸化していき、北京中央の意向が直接指令的に反映してくるようになると、海外のビジネスマンは遠ざかり、金融も経済活動も消極的になっていくだろう。

確かに力関係では圧倒的に北京が強く、力では歯がたたない。雨傘運動の抵抗、2019年の逃亡犯条例の拒否、そして同年末の区議会議員選挙における香港市民の圧勝、それにもかかわらず、強大な組織力と経済力を擁した中央権力の壁は動かし難く、香港の人々に深い挫折感をもたらしているかもしれない。しかし考えてみれば、香港では1997年以来じわじわと中央政府の支配が強化されていき、それに抵抗する香港の住民は様々な形の運動を展開してきた。それは人々が知恵を絞りだした創造的な運動であった。そして今こうした香港で生まれた小さな炎が、世界各地に飛び火し始めている。

かつて米国は民主と自由のチャンピオンであり守護者であった。その米国から、議会や市民運動を巻き込みながら香港を支援する新たな動きが生まれ始めている。2019年6月に米国議会が可決した「香港人権民主主義法」然りである。香港をめぐる米国以外の動きでは、台湾はこれまで香港とはあまり深いつながりがなかったと言われてきたが、雨傘運動、ひまわり運動などで学生・青年活動家同士のつながりが深まり、さらに市民運動、ジャーナリズムの連携が見られるようになった。

豪州、ドイツ・英国・フランスなどでも、中国の対応に批判的な主張が強まってきた。6月22日に開かれたEU・中国のテレビ電話での首脳会議でも、米国との対立激化に対応してEUを味方につけようとする中国の思惑ははずれて、EU側から「香港国家安全法案」に対する重大な懸念、採択停止の要望が表明された。日本でも国会議員の連携や知識人、市民の支援活動の広がりが伝えられるようになってきた。世界各国の政府、議会、市民の活動は今後一段と活発になっていくことだろう。

こうした中で、中国にとってどのような選択が望ましいのだろうか。筆者は、強硬で突っ走るだけの外交は愚策だと思う。今の中国政治指導者には、共産主義者がよく用いていた弁証法的発展と言う考え方が身に付いていないようだ。ただ圧倒的に強い力関係にあるとき、単純に徹底した封じ込め政策をとって、力ずくで自らの意思を相手に押し付けるのはいかがなものか。自分たちの意思や行動に対する反作用の効能もよく計算に入れながら、その先に生まれる新しい関係性を戦略的に考える、いわゆる正↓反↓合である。「一国二制度」をどのようにして香港住民も納得できる制度にすることができるのか。これを香港市民や当局者などを巻き込んで本格的に討議するならば、「弁証法的発展」の成果が出てくるかもしれない。

繰り返しになるが、今回の米中の対立はそもそもそれほどイデオロギー性の強いものではなく、超大国のトップの座をめぐるイニシアティブの争いといえるものでもある。したがってイデオロギー、政治・経済体制、陣営などで争った「米ソ冷戦」とは異なる面が多い。難しいことではあるが、イニシアティブの調整さえうまくできれば、米中共存は可能である。そしてその道を探ることと香港「一国二制度」の再生は連動しているのである。

しかしこれも繰り返しになるが、現実には「香港国家安全維持法」(国安法)の制定によって、これらの独立した権限や自由が大幅に規制されることとなり、「一国二制度」は一挙に形骸化していくことを余儀なくされたのである。香港の選挙制度の改変が、まさに「一国二制度」の形骸化を顕著に示しているのであった。香港の選挙において議員立候補資格に「愛国者」、より具体的には「共産党の指導を尊重する人物」であるという条件が加えられた。また立法会における直接選挙枠が大幅に減少し、民主派勢力は重要法案を否決できる1／3の議席に遠く及ばなくなる可能性が高くなった。これらによって立法会の重要な意義の一つと言われていた「政府のチェック機能」を果たすことは困難となった。文化・芸術分野でも締め付けの波は大きくなっており、21年末に開館予定の現代美術館「M＋」は、これまで堅持してきた「表現の自由」をベースに展示品が準備されていたが、これに対しても「反中国的」「国家を侮辱」といった横槍が入るようになってきている。民主主義の大幅な後退は明らかであった。

国安法制定後の1年余を振り返ってみると、以下の点が鮮明に浮かび上がってくる。第一に、中国は「香港問題」は完全に内政問題であるとして、中央政府に異議を申し立てる活動家を徹底的に弾圧する。繰り返しになるが、「一国二制度」の基本的特徴は失われた。また、これによって外部からの声に一切耳を貸さず、同時に外に助けを求める民主派活動家たちを支援しようとする国際社会に対しては「内政干渉」と言って強い姿勢で反駁する。確かに「内政不干渉」論は国民国家をベースとする国際社会である以上、今なお生きている原則の一つである。しかし2001年、国連文書として「干渉と国家主権に関する国際委員会報告書」が出され、強権的政権のもとで不当な弾圧に苦しむ人々に対する「人道的介入」と「保護する責任」は「不干渉原則」に優先することが力説された。国連人権規約には中国も署名しているのだが、香港住民に圧倒的に支持された民主主義を求める活動を「反愛国的」として強引に弾圧する根拠は何なのであろうか。

まず国家主権の問題が出てくる。中国の現行憲法では、「主権は人民に属する」「国家は、人権を尊重し保障する」と明記されている。2019年11月の香港区議会選挙で85%の支持を獲得した民主党派の主張は、住民の正当な主権の行使と理解される。しかし、住民の意向のみならず、香港政府の意向をも無視して採択した「国安法」を盾にして、ほとんど恣意的に「愛国主義」を持ち出し、「党の指導」を承認し敬意を示すこと＝「愛国的」で、それをあいまいにする香港住民の事実上の人権を剥奪するという愚行がまかり通るようになってしまった。「一国二制度」の空洞化にとどまらず、「人民主権」の空洞化、現行憲法の空洞化といっても言い過ぎではないだろう。

にもかかわらず、このような状況に中国大陸の多くの人々が納得、もしくは沈黙しているのはなぜだろうか。習近平指導部が、民主主義よりも中国式権威主義の方が政治体制としては優れているとアピールしているが、本当にそうなのだろうか。情報が制限され、恣意的、選択的に流されている状況において、事態を客観的に把握することが極めて困難になっている。そうした中で、一つは、習近平のやり方が問題解決と社会安定という意味で、一定の成果を上げているからである。新型コロナ対策でもそうだが、「結果良ければすべてよし」といった風潮が強まっている。住民が真実を知らないで、このような傾向に陥った場合、同じ過ちを繰り返す危険性と、物事の処理にあたって権力に依存する傾向が一段と強まるであろう。そして、中国の人々の間で、権利譲渡と利益確保がバーターされる可能性が強まる。

二つには、香港住民の抗議の背後には米国の強い後押しがあるとアピールし、人々に意識させ、それを背景に反米愛国を煽ったために、習近平支持のポピュリズム的な雰囲気が高まっていることである。国際社会からの理性的で正当な、中国当局にとっては耳障りな意見が出てくれば、それを「米国陰謀論」にしてしまい、謙虚にその意見を聞くことができなくなってしまう。

三つには、政治に口を出すと危ないといった意識が働き、民衆の間で「政治は禁区」という毛沢東時代以降に見られた状況が再現されていることである。短期的に見れば、民衆は沈黙を保ち、権力者は思いのままに振る舞うことができるかもしれない。しかし綻びは必ず露出するもので、完璧に封じ込めてしまうことなど歴史上ありえなかった。何よりも活気ある社会が経済などを発展させてきたのだが、息苦しい社会を作ることによってこうした発展が阻止され、停滞社会に向かう可能性もある。香港の行方は、こういった問題に深くコミットしているということを強調しておかなければならない。

香港と国際社会、国際世論との関係を断とうとする中国当局の攻勢は厳しい。しかし「自由と民主」を求めて、当局の弾圧に抗する香港の学生たちの戦いを描いたドキュメンタリー映画が、「香港映画祭」として今春以来、大阪、京都、名古屋で開催され、東京でも年内開催予定で準備が進められているとのことである。香港の人々を支援する道は閉ざされてはいない。

台湾侵攻の可能性とシビアな危険

中国の台湾侵攻をどのように考えるか。筆者の理解では、２０２１年から27年の時期は、香港・台湾問題、中国問題、米中対立などをめぐって東アジア地域、アジア太平洋地域さらには地球全体にとって、大変な不安定期もしくは大混乱の時期になるのではないかと想定される。なぜなら、習近平政権が台湾統一を目指して、軍事的な行動をとらざるを得ない可能性も想定されるからである。

その背景や問題点などを検討しておこう。まず第一の背景として、第2期習近平政権が2022年に終了し、第3期に継続するために台湾統一の優先順位を上げていると考えられ、第3期が終わる27年までに具体的な行動をとらざるを得ないと考えられるからである。元々筆者はこの共産党による台湾統一への行動は、2021年から22年にかけて、つまり「中華民族の偉大な復興」で言われている「2つの百年」の一つ目の百年（2021年）の具体化＝祖国統一を実現するための行動となると考えていた。

しかしこの間の習近平の香港工作、台湾工作は思うように捗ってはおらず、むしろ中国の思惑に逆行した状況が生まれつつある。そこに中国当局の焦りが生まれてきたと言えるかもしれない。もちろん台湾攻撃は、たしかに台湾内部の政治、経済の動向や世論、人々の心理動向、米国の安全保障サポート、国際世論などを詳細に分析した上で周到に取り組まれるであろう。しかし後で述べるように、あえて言うならばこの行動が中国の考えていたシナリオ通りに進む可能性は大きくはない。

第二の背景として、「米国ファースト」を掲げ様々な国際機関から撤退し、米国イニシアティブを弱体化させてきたトランプ政権による大統領選挙とその後の一連の政治混乱によって、米国の権力構造をも揺るがし、弱体化させたことは疑いない。中国的発想から言えば敵権力の弱体化、もしくは混乱は介入のチャンスであり、何らかの形で攻勢がかけられる可能性は高い。

その事例としては、2010年から12年の「尖閣諸島をめぐる中国の大攻勢」を想起すればよい。2010年は大量の中国漁船の尖閣諸島への結集・威嚇があり、2012年には国有化に踏み込まざるを得なかった民主党政権に対して、中国国内における戦後最大規模の反日暴動を仕掛けた。これらの攻勢が自民党政権の敗北、民主党政権〈＝親中的政権であったにもかかわらず〉誕生という権力弱体化の最中に起こったことがポイントであった。筆者はこの時、とくに中国政治指導者はリアリズムの発想が極めて強い、と痛感した。台湾をめぐる米中の直接対決は中国にとっても極めてリスクの大きいものである。言葉の上ではともかく、本音ベースでは中国当局は、米国との直接の対決はまだ早すぎると考えているはずである。しかし、22年の党大会前後でこの種のデモストレーションは必要で、「祖国統一」という錦の御旗のもとで台湾への攻勢はあり得ない話ではない。米国の出方を探り、米国の本音を図る上でも、一度は何らかの形でしかけるかもしれない。

第三の背景として、コロナパンデミック問題で中国はまず厳しい非難の矢面に立たされた。しかしWHOなどと連携し、巧みに責任の所在をすり抜けながら世界のパンデミック克服のために様々な努力を行い、むしろ人類的な課題に対してリーダー的存在をアピールするようになった。さらに米国の混乱に乗じて世界における経済的プレゼンスを一層高めたいと考えているように思われる。

しかし世界各国がどのような態度をとるか、中国にとって必ずしも安易な見方は許されない。

中国は、経済的には必要だが信用できない国、という見方が一般的に強まっているのかもしれない。中国にとって、自分を真の友と考えてくれる国、表向きは友好的だが内心は不信感を持つ国、中立的な態度で見ている国、敵対的な態度をとる国など、米国イニシアティブに対抗する中国イニシアティブの国際秩序を構築しようとするならば、これらの点を明らかにしていかなければならないだろう。

台湾問題で緊張が高まり、米国との軍事衝突の可能性が高まれば、第三国は米中どちらを選択するかが問われるようになる。そこで中国を中心とする国際秩序の基本的な形が浮かび上がってくる、と考えているかもしれない。中国をめぐる国際動向の基本は、対決・交渉・調整・妥協などの形で現象する米中関係に左右される。このことは間違いないが、米中関係を基本的に押さえておけば国際関係の動向が十分に理解できると考えるならば、大きな落とし穴に落ちるかもしれない。２０２２年の第20回共産党大会時の国内政治体制の安定度も、台湾情勢に影響してくるだろう。

大きな鍵は、やはり「祖国統一」の悲願、「台湾統一」の問題をどのように考えるかであろう。台湾つい数年前までは、いわば台湾は徐々に中国に飲み込まれていくような勢いを示していた。台湾の若いオーバードクターで就職の決まらない人がたくさんいるが、一時期中国に就職するというケースが随分出てきたと言われていた。中国はウエルカムで彼らを取り込んでいく。２０１９年1月に習近平が台湾統一のための考え方、「習五原則」を提示したが、その中で「融合発展」という言い方をしている。台湾を融合して発展させて一体化という狙いであるが、具体的な事例の一つが、上記のような話である。

ただ、香港をめぐる中国の過剰なまでの強硬弾圧に対して、批判がかなり深刻な状態になってきた。その波に乗って、台湾の蔡英文《さいえいぶん》政権、独立派の蔡英文は支持率を高め、20年1月に台湾の総統選挙で圧勝してしまった。勝利の直後、彼女は「台湾は一国二制度は取らない」と早々に習近平のシナリオを拒否した。「台湾統一」問題は、再び暗礁に乗り上げてしまった。中国にとって一番いいシナリオは多分、鴻海《ホンハイ》の社長・郭台銘《かくたいめい》とか、国民党の韓国兪《かんこくゆ》などが蔡英文を破り、総統に就き、彼らを第20回共産党大会に招待して壇上で習近平と握手をするというようなものであっただろう。このようなシナリオになっていたら、習近平の中国にとって台湾問題を有利に展開できることになっただろう。しかし、そうした状況は生まれるどころか、一層遠のいてしまった。

ここ10年ほどの香港及び台湾の動向は、中国にとって予想を越えて厄介な問題となってきた。上述したように20年6月の香港「国家安全法」施行決定により、中国当局は反中央政府勢力の完全な押さえ込みにかかった。たしかに鎮圧は功を奏しているかに見えるが、2年後、7年後にどうなっているのか予断は許されない。厳しい弾圧にもかかわらず、中央政府に抵抗する香港市民の意思・結束力は、水面下では決して衰えることはない。台湾の独立勢力に対する相乗的な効果をも生み出すことになるだろう。さらにこうした動向は、強権支配に抗する市民・草の根運動への国際的な同情と支援活動の拡大を引き起こしている。米国・英国・豪州・日本など民主主義諸国における政治家、知識人、市民、学生等の支援活動の輪は徐々に広がっている。こうした動きに対して、中国当局はもっか強権的な手段によってこれを封じ込め、自らの意志を貫こうとしている。

もし、こうした動きや声を無視して中国が強引に武力侵攻に走ったとするならば、事態は中国の思惑通りに進むのだろうか。筆者はそうは思わない。中国が自らのやり方を顧みず、台湾に侵攻し力づくで台湾統一を図ろうとするならば、仮に一時的にはそのような状況が出現したとしても、台湾の市民たちの更なる根強い抵抗に直面し、国際的にはシビアな孤立化が進むと思われる。台湾自身の兵力も大幅に改善され強化されてきている。台湾は海に囲まれ、陸にも険しい山岳地帯があり、防御・ゲリラ戦に有利な戦略的地形となっている。

さらに米国も、もし台湾が中国の手に落ちたとするならば、その後の米国の太平洋戦略は決定的に不利な状況になるだろう。その意味で米国は台湾支援に相当力を入れて取り組むに違いない。日本も形態はどうあれ、積極的な台湾支援に踏み込むことになるだろう。場合によっては、台湾からの大陸に向けたミサイル攻撃もありえない話ではない。中国がイニシアティブを発揮できるのは、短期決戦の場合のみで、長期戦になれば経済への影響、国際世論、国内混乱の問題なども考慮せざるを得ず、厳しい状況を強いられることになるであろう。短期決戦で勝利する可能性も、大きくはない。

習近平がしばしば強調するウィンウィンの関係を、台湾において現実化しようとするならば、

「現状維持」路線が最も妥当な選択だと思う。そしてもしそれを制度化しようとするならば、共産党と国民党の間で暗黙に合意されたと言われる「92年コンセンサス」、特に台湾側が主張する「一つの中国、各自表現」の方式で手を打つことが、極めて冷静で賢明な選択肢である。

「92コンセンサス」では、大陸側も台湾側も「一つの中国」では合意する。が、「一つの中国」の中身が一方は中華人民共和国、他方は中華民国を主張して譲らず、とりあえずはそれぞれの主張を並列して認識しておこうという内容であったとされている。「92年コンセンサス」の用語は、李登輝政権下の対中担当責任者の蘇起が2000年になって「発明」した用語である。蘇起は「創造的曖昧さ」を今日の基礎としたいと考えたということである」（小笠原欣幸『台湾総統選挙』晃洋書房、2019年、82頁）。本論で何度も触れた「曖昧さ」のメリットを、中台統一でも活かそうとした発想で、やはり一考に値する。中国から見れば、「中国は一つである」という型を得て、その上、経済・文化交流は進み、両者の繁栄が一段と進むだろう。中国が喉から手が出るほど欲しがっている半導体技術でも、全面的に台湾の支援を受ける道が開かれ、利するところは多い。まさにウィンウィンの関係の実現である。

「一つの中国、各自表現」の方式がうまくいったとするならば、「尖閣問題」でも応用が可能となり、アジア世界を塗り替える画期的な事態にもなるだろう。

もし強行突破路線を選択するならば、習近平の「一帯一路構想」や、壮大な「人類共同体」の実現などまさに絵に描いた餅となってしまうだろう。中国にとって最も大切なことは、何でも自分が先頭に立って未来の世界を創造していくということにこだわるのではなく、「俺の言うことを聞け、俺につき従え」と力むのではなく、中国を含めた世界の普通の人々が考え、希望しているより良い世界を作るために世界の人々と一緒になって考え、行動することを惜しまないことであろう。東アジアさらには世界の安定の鍵は、中国が国際社会の声（米国の声だけではない）に耳を傾け、譲歩、調整を真剣に考え、国際協調の波に乗ることである。

米中対立の中での日本の役割

そのような流れをつくる意味で第三国、あるいは第3アクターの持つ意味は小さくはないのである。米中の対立の中で股裂状態を回避し、両国の調整役になるために、では日本はどのようなスタンスで向き合うべきか。まず前提として考えておかなければならないことは、①中国の政策決定者たちは「力の信奉者」、かなり強いリアリストである。②中国はこの20年間でかなり強力な軍事力を持つに至った。③中国共産党は中国を代表する政党として、「台湾の統一」を最重要課題の一つとしている。④台湾自身の防衛能力も飛躍的に高まっており、加えて米国の軍事的支援も本格的なものになってきている。⑤仮に台湾海峡を挟み軍事衝突が起こった場合、台湾のみならず中国自身にも相当の被害が予想され、我が国の被害も甚大になることは疑いない。⑥「即決戦」で決着できなかった場合には、物理的精神的な被害は計り知れず、またアジア太平洋地域における秩序の崩壊は避けられない。

筆者個人としては、何としても中台の武力衝突は避けなければならないと強く考えている。そのためには特に以下の点が重要である。①中国側に、どのような状況になっても「武力行使」は絶対に避けるよう、台湾側には「現状維持政策」を長期に堅持するよう、強く粘り強く訴え続けることである。②中国側も、台湾側も可能な限り譲歩の姿勢を保ち、平和的共存の可能性を探るよう説得し、日本を含む第三国からも平和共存のアイディア・方策を提言することである。とりあえず筆者が言えることは、先述した「92年コンセンサス」（「一つの中国、各自が表現」の内容）を双方の正式な合意として確認し合うことである。イギリス連邦に類似した「中華連邦」が、可能性としては妥当なところであろう。仮にこのような状態が実現した場合には、太平洋地域における平和が保障され、我が国にとっても多大な利益がもたらされると考えてよい。

しかし同時により厳しい現実に直面することも想定しておかなければならない。「力の信奉者」が警告を無視して力を行使した場合のことである。最も効果的なやり方は、相手側の武力行使に対して、極めて迅速に行動を起こし、初期の段階で抑止を実現することである。「極めて迅速な行動」の主体は、米国の強力なサポートを受けた台湾自身であるが、日本も「台湾における日本権益、日本人保護」のため、さらには民主主義・人権擁護のために何らかの形での積極的で迅速な支援が求められるだろう。それに対しては日本は躊躇しないという姿勢を明確に示すべきである。そのことが「抑止」にもなるからである。

しかし中国との関係を断って我が国の未来は描けない。しかも習近平指導部による日本企業への秋波は決して弱まってはいない。彼らが米中対立の中で最も重視しているのは、米国に阻害されにくい中国独自のサプライチェーンの再構築といわれ、そのためには「高い技術を持つものづくりに強い日本企業との協力は欠かせない」と強調する。米中のデカップリングの進展が、米中それぞれの国に関わっている第三国の経済・社会を股裂きにする可能性は大いにある。米中の世界におけるヘゲモニーの争いは避けることはできないが、そのことによって世界全体が米中新冷戦を構造化してはいけない。民主主義を重視する国や勢力と連携を強化する一方で、中国とは敵対的な関係にならない努力、そして経済社会面での様々な協力、共存関係を発展させていくことを心がけるべきである。

このような考え方をする人々は、米国においても欧州においても決して少数ではない。誰も米中主導権争いに振り回されることなく、感染症パンデミックや、自然災害といった地球環境の悪化、生態系の破壊など、人類が立ち向かわなければならない山積している課題、地球が直面している深刻な課題に共同して取り組みたいと考えている。米中超大国の主義主張に翻弄されない第三勢力（国、地域、市民を含めた）の結集が求められているのである。

まず我々が確認しておかなければならない点は、次の事柄である。

第一は、直面する「脅威」への対処に関して、現状では行使するか否かは別として、日米安保を軸とした強固な防衛・抑止システムを作っておく必要がある。しかし総合的、長期的に見れば、どちらの側に付くかという問題ではない。対立が深みにはまって、武力行使を含むショック療法をとらざるを得ない状況に陥れば、おそらく世界はこれまで経験したことがなかったような深刻な打撃を受けるだろう。そうなれば台湾は無論、国際社会も深刻な壊滅を被ることになるだろう。この点は二つの超大国もしっかりと認識してもらわねばならない。対立しつつも一定の自制を働かせて、緊張緩和・平和構築を目指して向き合うことになっていかねばならないのである。

第二は、国際社会は「米中対立」に劣らぬ難題を抱えている。例えば国際テロリズムに対する戦い、あるいは大気汚染・大規模自然災害などの気候変動・環境破壊に対する改善の行動、急速に進む少子高齢化への対応などである。今こそ互助・協力が求められている時である。しかし、双方の相手に対する不信感、対抗意識などはかなり強いものとなっており、１９８０年代、90年代あたりの米国の対中関与政策（Engagement Policy）を再度行うような環境にはなっていない。だが、米中新冷戦はまだ形成されていないのである。

このことを前提として、しっかりと新冷戦の形成を拒否し、新たな国際協調の理念、枠組み作りを米中に任せきるのではなく、第三勢力も積極的に構築することに参加し、米国も中国も最終的にはその枠に入れられるような、新たな世界平和共存の理念と枠組みを創ることを目指すべきである。例えば今日は国境を越える活動が一段と活発化し、それに伴い従来の枠組みでは処理しきれない国籍問題が、ますます増加の傾向を示している。そこで若い世代から「地球国籍」を作ろうという提案がなされていた（日経2021年9月27日）。国連システムのもとでこのような制度ができれば、NGO活動ではできない色々な取り組みが可能となるだろう。

しかし同時に、我々自身も自国の安全保障を優先的に重視せざるを得ない。このような現実と上述の理念的目標の内容は、しばしば厳しい緊張関係、あるいは乖離の状態に置かれることになるであろう。したがって、しっかりと立ち位置を認識し――安全保障では米国に依存するが一辺倒にならないよう心がける――、民主主義を充実させるという目標を立て、その実現への信念がなければ、米中対立に翻弄され、自らの立ち位置を見失う危険性もある。

そこで必要なことは、まずリアルな国際関係の現状を考えるならば、①日本なら日本、といった個々の国が自立できる最低限のパワーを持つことである。強い平和志向を持つことは極めて重要であるが、現状ではパワーを軽視する平和主義は、リアリズムに徹する中国当局につけ入る隙を与える。その上で、②何らかの意味で国際社会、相手国に必要とされる国になる努力を惜しまないことである。他方で、③中国との関係では経済・社会発展のための技術的ニーズ、より良い社会実現に応えられる力をつけなければならない。また香港や台湾問題に関しても、現地の大多数の人々の気持ちや願望に配慮する姿勢を保つべきである。④東南アジアなどミドルパワーの国々に対しては、特に経済開発のための技術と資金の提供、新たな経済発展枠組みや平和秩序の構築におけるミドルパワーを結集する、リーダーシップの役割が期待されるだろう。またミドルパワー群と協力して、人類が直面している諸課題に向かう新しい協力のシステムや技術開発を、発展させることなども重要な課題であろう。

もしこれらの点に真剣に向き合い、それなりの成果を上げることができるならば――すでに米国脱退後のTPPやRCEPではそのような役割を演じている――、日本は決して股裂状況に置かれることはなく、むしろその存在を高めることになるであろう。もちろん米中双方の相手に対する不信感、対抗意識などはかなり強いものとなっており、「米ソ冷戦」終焉直後の米中関係のような環境にはなっていない。繰り返しになるが、米中の対立は深刻になり構造化してきている。だが、米中新冷戦はまだ形成されていないのである。

このことを前提として、しっかりと新冷戦の形成を拒否し、新たな国際協調の理念を構築し、米国も中国も最終的にはその枠に入れられるような、新たなアジア太平洋平和共存のシステムを作ることを目指すべきである。

欧米思想と中国思想の相違点と共通点から見えるもの

最後に本テーマの考察を通して見えてきた、中国と欧米、あるいは東洋と西洋との思想的な相違性と共通性を確認しておきたい。

まず第一に、人間観である。ヨーロッパでは、一神教のキリストの下に、人間は皆平等であるという考え方が基本となっている。さらに古代から「人間の生命、価値、教養、創造力を尊重し、これらを守り一層豊かなものに高めようとする精神」としてヒューマニズムが尊重された（坪井順一「人間の思想の尊重について」『経営論集』２０１５年3月）。中国でも本論で見たような「民本主義」の考え方に基づき民は尊重されるべきとの考え方があった。しかし政治的なものとしてみれば、ヨーロッパでは人間は主体的に参加する政治的動物である、との考えが基本であったのに対して、中国では古くから「治者と被治者」に分ける考え方があり、今日の共産党統治下でも建前上はともかく、実態としてはこのような区分論は生き続けている。

第二に、このことは民主主義の捉え方にも強く関連している。ヨーロッパでは、民衆自身が政治に参加する権利や枠組みがあり、それが困難な場合は自分たちの代表を選ぶという行為によって、政治に主体的に関与する制度（代議制）を造り上げた。他方中国では政治の主体者は、領導・幹部、古くは君主・士大夫であり、民衆ではなかった。儒教の考え方に「先知先覚論」があったが彼らこそが指導者であり、民衆は「不知不覚」者とされた。孫文もこの考え方を基本的には踏襲し、「先知先覚」の指導者による民主主義（訓政）の実践を唱えた。しかし訓政期の後に、「憲政」すなわち憲法のもとで、一般民衆によって実施される民主主義を迎えるとも主張した。今日の共産党指導下では「党指導の絶対性」が強調され、民衆の政治への主体的参加が制限されている。孫文のように「訓政」期の後に「憲政」期を予定しているわけでもなく、民主主義の発展が見えてこない。

第三に、統治ないしは秩序に関する考え方の違いである。良き統治は優れた指導者が存在するか否かにかかっており、良き指導者のもとで権威的な階層性を維持することで秩序が形成される、というのが中国的考えであった。これに対してヨーロッパでは、権力の独占・腐敗などの阻止、成果物や争いごとの公平な処理などのために、様々な制度・手続きが作られたが、これらの正しい運用によって、良き統治、秩序の維持が保証されるとの考え方であった。もちろん中国においても制度とか手続きは重視され、ヨーロッパでも良き統治のための優れた指導者が求められた。

しかし、統治をめぐって興味深いのは、プラトンの哲人政治論である。民主政治がその自浄力を失ったとき、衆愚政治と化す。その愚行を自分の師ソクラテスの処刑によって体験した。彼はイデア（善）をもった哲人王こそ理想的な善政を実現することができると考えた。それ故、哲学を学んだものに権力を与えることによって、私心無き統治を行わせようとプラトンは考えた。しかし強大な権力を持つ為政者が、民衆から待望する善政を敷くとは限らず、プラトンの構想は事実上挫折した。彼はその後、「法治」を重視するようになった。

秩序に関して興味深い主張は、ホッブズの「リヴァイアサン」である。彼は人間の自然状態を、能力差の無い人間が互いに自然権を行使した結果、万人の万人に対する闘争になるとし、この混乱状況を避け、共生・平和・正義のための自然法を達成するためには、「人間が自ら持ちうる自然権を国家に対して社会契約によって譲渡するべきである」と述べ、社会契約論を用いて絶対王政を合理化する理論を構築した。この秩序論は、文化大革命の大混乱を経験した中国民衆と共産党との間に暗黙に生まれた関係と近似しているのではないか、と考えるのは筆者のみだろうか。もっとも中国には「社会契約説」の概念は生まれなかった。

第四に、西側では権力の腐敗を抑え、排除するために権力を行政・立法・司法の三権に分類し、相互に牽制させるチェック・アンド・バランスという制度を生み出した。特に「司法権の独立」は腐敗を抑え込む核心であった。しかし習近平体制の下では、2013年に内部通達された「七不講」の中で「司法権の独立」も禁句とされた。

ただし興味深いことに、2012年3月27日に行なった王滬寧の「着手政改必須徹底反思文革」と題する内部講話では、文革の惨事の要因として、「体系的で独立した司法体制が欠落していた」「西側では権力の腐敗を抑え、排除するために権力を行政・立法・司法の三権に分類し、相互に牽制させるチェック・アンド・バランスという制度を取り入れている。特に司法権の独立は腐敗を抑え込む核心であった」などと極めて重大な発言をしていたことが分かる（もっともこの講話は中国から匿名メールで送られてきたもので真偽は確かめようがない）。ただし、習近平総書記就任の10カ月あまり前のことであり、中央要職に就く前の彼の言動と考えれば、王滬寧なりの本音が出ていたのではないだろうか。

さて、これらのように、中国と西側諸国では政治思想として、相違点もあれば共通点もある。しかし、同じ人間社会である。水と油のような違いがあるとはとても思えない。我々はこれまで、中国と欧米の関係を見る時、経済はともかく政治、安全保障そして思想面で両者を水と油、白か黒といった対照的、対立的に捉えすぎてきたきらいがある。そして今日、もがき苦しみ始めている欧米社会を見て、中国は「欧米型の民主主義、欧米型の発展モデルは行き詰まった、これからは中国型民主主義、中国型発展モデルで行くべきだ」といった主張が散見されるようになってきた。

しかし、「中国型」と言われるやり方も、情報および人々の活動の徹底した監視と規制など問題も少なくない。これまで見たように、両者は確かに重要な側面でクリアーな相違がある。ボトムアップから考える民主、トップダウンから考える民主の違い。制度を中心にした秩序論と、人間関係（人治）から考える秩序論との違い、など根本的な差異を無視することはできない。しかし、重なり合っている部分もある。なぜプラトンが賢人政治を説き、ホッブスがリヴァイアサンを主張したのかを掘り下げて考えれば、儒教の考え方と重なり合っていることに気づく、などなどである。また本論でも述べたが、中国が自分のオリジナルだと主張している内容が、多くは欧米出自のものであるということも事実であろう。

あるいは、今日中国では「共同富裕の実現」というスローガンのもとで、格差是正の本格的な取り組みが見られるようになっている。また、太陽光発電、風力発電など自然エネルギーの開発に関しては世界をリードするほどになっている。世界の貧困の撲滅、地球温暖化への対策、さらには問題は残されているが感染症への取り組みなど、中国を巻き込んだ対話と協力の枠組みをより強固なものにしていく必要が求められている。その意味では、両者が頭を冷やし、より接近し協力的、協調的に関わり合うことが可能であり、そのことが人類にとっても極めて重要であるということを指摘しておきたい。

あとがき

学部学生の時代、特に中国に強く関心を持っていたわけではなく、第二外国語はドイツ語であり、ヨーロッパ近代史の先生を指導教授としていた。当時読んだ中国関係の本の中で比較的印象に残っていたのは、エドガー・スノーの『中国の赤い星』と、許芥昱《シュジェユ》の『周恩来――影の傑物』であった。鈴江言一の『孫文』も興味深く読んだ。

しかし私を中国研究者にしていったのは当時世界を震撼させていた文化大革命、ニクソン訪中から米中接近、日中国交正常化といった時代状況であったのかもしれない。卒業論文も急遽、無理を言って『アジアのナショナリズム』に変更してしまった。以来中国は私にとって興味津々の対象であった。しかし中国をどのように理解したらよいのか、中国研究を始めて今日に至るまでの私の命題にもなった。振り返ってみれば「理解する」ために三つの課題に分けて見ることができる。

第一は「行間を読む」という課題である。

大学院に入ってから修士論文のテーマを決める際に、思案の挙句『毛沢東研究』に決定した。当時は、毛沢東も周恩来も孫文も私にとっては「偉大な指導者」として映っていた。ただ毛沢東はあまりにも「神のごとく無謬の絶対的指導者」として叫ばれていたので、私は「毛沢東だって人間じゃないか」という反発が心の中に芽生え始め、実証的に「毛沢東」を明らかにしたいという思いが強くなっていった。それが毛沢東研究のスタートである。

しかし、当時の毛沢東に関する資料といえば、その多くが毛沢東「礼賛もの」か、毛沢東自身の書いたものも修正され綺麗事の話に変えられていたものも少なくなかった。私は毛沢東に関連した研究論文を発表するたびに、「本当にこれが正しい結論なのだろうか」という疑念と不安に駆られたものである。中国と自由な研究交流ができなかった当時、資料的には極めて限られており、しかも公的なものはほとんどが当局にとって都合のよいプロパガンダ的なものばかりであった。中国側の客観的と思われる情報を自由に得ることも、中国側の研究者と接触することもできなかった。現代中国の研究をする人々の中には、公的な文献を利用して、そこに書かれたキーワードのトレンドを分析して意味を考えるコンテンツ・アナリシスのアプローチ、あるいは「行間を読む」といったチャイナ・プロのやり方があった。私もそういったやり方を少しばかり試みたこともある。

それでも制約つきながら中国人に接触することは大事なことであった。１９７５年、国交正常化後初めて、非公式な形ではあるが日本（語）を学ぶために立教大学と創価大学に20人余りの留学生が来日した。彼らの面倒を見るボランティアの組織が設けられ、私もそれに参加した。主に立教大学の留学生たちと交流を持つこととなった。しかし彼らも中国大使館内の宿泊施設に滞在し、我々と自由に個人的に会うことはできなかった。それでも少しばかりは同世代の中国人と触れることができ、彼らと意見交換をすることができたことは貴重な体験であった。さらに1976年7月、「未知の国」中国に初めて旅をすることができた。まだ普通の旅行が許可されていない時期で、1年近くの「中国を知る」勉強会を求められ、「友好訪中団」という名称で入国が許可された。様々な制約はあったが、その制約自体を含めて中国を理解する上での貴重な出発点となった。が、「中国に接する」のはその程度であった。

話は少し外れるが、76年は振り返ってみれば「大動乱」の年であった。毛沢東を支えてきた周恩来が1月に逝去し、その追悼大会で弔辞を述べた鄧小平が、その日から姿を消し4月の政治局会議で正式に失脚を宣告された。我々が訪中する直前にもう一人の革命の元勲である朱徳《しゅとく》将軍がこの世を去った。

さらには中国滞在中、北京から大蓮へ、そして瀋陽に移った宿泊のホテルで、明け方激しい地震の揺れを体験した。世に言う「唐山大地震」であった。そして翌日から『人民日報』もホテルの部屋には届かず、何が起こったのか全く理解できない状態であった。ただ上海に向かうために瀋陽空港に到着後、滑走路付近に白衣を着た医療隊の長蛇の列が目に入ってきた時、これは大変な地震だと直感した。そして上海に着いた翌日、視察の途中で通訳の人から河北省唐山市で大地震が発生し、甚大な被害のようであると知らされたのみであった。後先にも地震の情報はそれだけであり、帰国した空港の出入り口で多数のメディア関係者が地震の情報を知ろうと我々を待ち受けていたが、我々は全く無知の状態であった。

9月に入ると「偉大な指導者」毛沢東がこの世を去り、毛の親衛隊とも言われた江青《こうせい》ら「四人組」の人々が逮捕失脚という事態となった。これらはほとんど密室の出来事である。情報が統制されると本当に何も見えなくなる、ということを初めて体験した出来事であった。おそらく中国の普通の人々にとっても、共産党の情報統制下に置かれているために、大躍進や文化大革命、天安門事件などの事実、あるいは政治経済の動向を知ることはほとんどないということを理解しておかねばならない。

初の訪中は私にとって、中国の人々の「本音」を聞き出すことがもうひとつの重要な作業でもあった。面白いエピソードの一つは、「鄧小平の76年4月の失脚」をめぐってである。当時私はある会社で『資料日中経済』という小冊子の作成に関わっていた。そのため日々の中国情報に触れる機会が多かった。そこで手に入る情報から、鄧小平の失脚はどう考えても政策の失敗からではなく権力闘争の結果であったと判断していた。中国滞在の間、私は随行員や現地の幹部たちに非公式になぜ鄧小平は失脚したのか、「毛沢東だって病を治して人を救うと言っているではないですか。鄧小平の復活はあり得るか」といった質問を投げかけ続けた。その中で「鄧小平はすでに結論の出ている反動家です。復活などありえない」と言った人を今でも印象深く覚えている。

もう一つの体験は、瀋陽近くの撫順《ぶじゅん》を訪問した時のことであった。日中戦争の歴史を高級幹部ではなく一般幹部の人々はどのように受け止めていたのかが強い関心であった。撫順炭鉱革命委員会の副主任が我々に対応してくれたが、最初は紋切り調で「戦争は一部の軍国主義者がやったことであり、日本の一般の人々には罪はない」という姿勢を保持していた。しかし私は「その言い方には納得できない。私達普通の日本人も中国で当時何が起こっていたのか、正しく歴史を知りたいのです」と食い下がった。私の要求に押されてか、その副主任は「ならばもう少し本当のことを話そう」と言って切り出した。彼は山東省出身で、ある時日本人が自分たちの住む村にやってきて、満州で実入りの良い仕事があると誘ってくれた。父親と兄と私がその話に乗って当地に赴いたが、そこが撫順炭鉱で毎日奴隷のように働かされ、父は病死、兄は脱走を企てて殺された。日本人を恨む気持ちはいまだに拭えないと言った内容の話であった。この時から私にとって現代中国を知ろうとすることは、単に研究するということではすまなくなってしまった。

話を戻そう。第二は「全体的な枠組み、あるいは全体像の中で個々のテーマをいかに把握するか」という課題であった。

中国は何でもありの世界で、一つの出来事を見て直ちに「中国はこうだ」と断定することはできない。あるところで未曾有の大水害が起っていても、別のところでは大干ばつに襲われているといったことも珍しくはなかった。近代化の最先端を行く地域があれば、ろくに食にもありつけない貧しい地域もある。あることを証明するために、論証に適した事例を扱ったとしても、必ずそれと反対の事例を見つけ出すことは容易であった。どのように具体的なケースを活用するか、結構難しいと思い始めた。

私は幸運にも1986年2月から88年3月にかけて北京の大使館に勤務し、その2年余りで二つの省・自治地区を除くすべての地域を訪れ、その地域のいくつかの都市と周辺農村を視察してきた。出発から目的地に行くまでは少なくとも列車を利用し、車窓からの風景、列車の中の中国人との会話も中国を理解する上で大変参考になった。

私などよりもはるかに多く長く深く中国と関わり、中国の隅や裏まで十分に知っている日本人も少なくはない。しかし知識の積み重ねだけでは「中国を理解する」ことに十分ではない。そこでの様々な経験と知見を通して、その後の私なりの中国分析の全体的な枠組みである「重断層社会」論を作り上げることができた。都市と農村の断層性、幹部と大衆の断層性、制度と関係の断層性、政治と経済の断層性の重なりあった特徴が、中国の変わりにくい深層の構造＝基底構造であると考えるようになった。今日、都市と農村の断層性は、大量の農民工の都市への移動、流通・情報の飛躍的な発展などによって一見して大きく変貌したように見えるが、それでも依然としてこの切り込みは可能だと思われる。他の三つは有効である。こうした枠組みを使うことによって、ある種のバランスの取れた個別の分析が可能になると考えた次第であった。『溶変する社会主義大国―中国』（東京大学出版会１９９４年）で初めてこの考え方を公にした。まもなく、著名な国際政治学者・高坂正堯京都大学教授がＮＨＫの放送大学講座で、中国を理解するための基本的なアプローチとして紹介してくださったことは光栄であった。

第三が様々な現象や言説を中国のロジックで理解するという課題である。まさに本書で行なった試みである。まずは「中国のロジック」は何か。中国を理解するロジックを作るために、私は伝統的な文化のアプローチと、社会科学的な比較研究のアプローチを取り入れて描き出そうと考えた。これは本書の直接の内容に関わるもので詳述は既に論じているが、政治学にとってキーワードとなる「民主」「権威主義」「国家・民族」「秩序観」などを取り上げ、伝統思想の中でそれらがどのように触れられているのか、また欧米の伝統思想とどのような相違、あるいは重なり合う点が存在するのか明らかにしていた。それぞれの中国的な概念について、それなりに特徴づけることができ、「中国のロジック」を一歩深めることができたのは、私にとって大きな収穫であった。今回の考察はある意味でアプローチの試論であり、今後さらに精緻化を目指して研究を続けてみたい。

さて本書を閉じるにあたって、とりわけお世話になった方々に謝意を申し上げておきたい。

まず九段坂病院整形外科医師の山田剛史先生である。2020年春、手のしびれと握力の衰弱がひどくなり、また歩行にも支障が出始めたため、新型コロナが蔓延していく5月連休直後であったにも関わらず、同病院を訪ね山田先生の診察を受けた。コロナのおかげ（？）で診察の患者が大変少なく、午前中から夕方にかけて診察とレントゲン、再診察とMRI、再々診察と一気にやっていただいた。結果、頚椎症性脊髄症と判断され、できるだけ早く頚椎神経部分の関節を除去する手術を勧められた。手術は脚の側部のあまり使っていない骨を5センチほど切り取り、除去された首関節の骨の部分に移植・補強するという大掛かりなものであった。私は手術をしたくなかったので、「手術をしないでいたらどうなりますか」と尋ねたところ、即時に「首から下が動かなくなって寝たきりになります」と言われ、腹をくくった。手術は7時間を要したが完全麻酔のため痛くも痒くもなかった。術後、手術室の隣の特別室でまな板を大きくしたようなベッドにうつ伏せ状態で縛られ、身動きのできない三日間を過ごした。その後丸一か月の入院治療を終えて、自宅療養に移り徐々に回復し今日に至った。2021年11月の定期検診で、首の移植した骨が接続した骨と完全に融合し、もう大丈夫と先生から太鼓判をいただいた。指が不自由だったので、入院中からパソコンの音声入力を本格的に始めた。退院以来ほとんどそれに頼って執筆活動を続けられるようになっている。仕事に復帰できたことは何物にも代えがたい喜びである。山田先生は私にとって大げさではなく「命の恩人」である。

そして本書の出版が可能となったのは、青灯社の辻一三氏が強く勧めてくれたおかげである。2002年だったと記憶しているが、早稲田大学に移って間もない頃、当時NHK出版の編集長をされていた同氏がわざわざ研究室に来られて、いきなり日中関係で意味のある斬新な本を書いて欲しいと依頼された。2003年10月に『中国とどう付き合うか』と題する本になって世に出すこととなった。それ以来頻繁なお付き合いはしていなかったが、独立して青灯社を立ち上げられたことは存じていた。その後、『毛沢東最後の革命』上下2冊の翻訳出版をされた時、解説を依頼された。今回の執筆のご依頼は1年以上も前に遡るのだが、いくつか仕事を抱えていて本書の作業に取り組むことができなかった。忍耐強く待ってくださった辻氏のご厚意にもなんとか応えたいと思って執筆した次第である。

最後になるが、妻・理美子が校正を手伝ってくれたことにも感謝しなければならない。とにかく歳のせいにはしたくないが、重複が多く、またくどく、切れ味の悪い文章が少なからず見られたようである。元国語教師の妻は容赦なくそうした部分を指摘し、遠慮なく切り取ってくれた。おかげで人様に見ていただいてもそれほど見苦しくないのではないのかと思えるようになったと思われる。

この歳になってつくづくと思うのだが、気力はあるのだが体力と知力の衰えは否めない。まだまだ仕事はしたいしできると思うが、やはり思っている以上に人々の力をお借りすることになっている。今後もご迷惑をおかけする方が出てくると思うが、とにかく行けるところまで走り続けてみたい。是非ともお力をお貸しいただきたいとお願いする次第である。

温かい落ち葉の道を踏みしめながら　２０２１年11月

天児　慧

天児　慧（あまこ・さとし）早稲田大学名誉教授。１９４７年生まれ。早稲田大学卒業、一橋大学大学院博士課程修了。社会学博士。外務省専門調査員として北京日本大使館勤務、早稲田大学大学院アジア太平洋研究科教授等を歴任。専門は、中国政治、東アジア国際関係論。著書『中華人民共和国史　新版』（岩波新書）、『中国政治の社会態制』（岩波書店）、『「中国共産党」論』（ＮＨＫ出版新書）、『日中対立』（ちくま新書）ほか多数。

中国のロジックと欧米思考

2021年12月20日　第1刷発行

著　者　天児　慧

発行者　辻　一三

発行所　株式会社青灯社

東京都新宿区新宿 1－4－13

郵便番号 160－0022

電話 03－5368－6923（編集）

03－5368－6550（販売）

URL http://www.seitosha-p.co.jp

振替　00120－8－260856

印刷・製本　モリモト印刷株式会社

Printed in Japan

ISBN978－4－86228－118－0 C0031

小社ロゴは、田中恭吉「ろうそく」（和歌山県立近代美術館所蔵）をもとに、菊地信義氏が作成

●青灯社の本●

日本はなぜ原発を拒めないのか――国家の闇へ　山岡淳一郎　定価1600円+税

普天間移設 日米の深層　琉球新報「日米廻り舞台」取材班　定価1400円+税

ふたたびの〈戦前〉――軍隊体験者の反省とこれから　石田 雄　定価1600円+税

自分で考える集団的自衛権――若者と国家　柳澤協二　定価1400円+税

知・情・意の神経心理学　山鳥 重　定価1800円+税

「二重言語国家・日本」の歴史　石川九楊　定価2200円+税

9条がつくる脱アメリカ型国家――財界リーダーの提言　品川正治　定価1500円+税

子どもが自立する学校――奇跡を生んだ実践の秘密　尾木直樹 編著　定価2000円+税

米朝戦争をふせぐ――平和国家日本の責任　和田春樹　定価1200円+税

拉致問題を考えなおす　蓮池透／和田春樹／菅沼光弘／青木理／東海林勤　定価1500円+税

毛沢東最後の革命（上・下）　ロデリック・マクファーカー／マイケル・シェーンハルス　朝倉和子 訳　定価各3800円+税

神と黄金（上・下）――イギリス・アメリカはなぜ近現代世界を支配できたのか　ウォルター・ラッセル・ミード　寺下滝郎 訳　定価各3200円+税

起源――古代オリエント文明：西欧近代生活の背景　ウィリアム・W・ハロー　岡田明子 訳　定価4800円+税

魂の脱植民地化とは何か　深尾葉子　定価2500円+税

枠組み外しの旅――「個性化」が変える福祉社会　竹端 寛　定価2500円+税

合理的な神秘主義――生きるための思想史　安冨 歩　定価2500円+税

生きる技法　安冨 歩　定価1500円+税

他力の思想――仏陀から植木等まで　山本伸裕　定価2200円+税

理性の暴力――日本社会の病理学　古賀 徹　定価2800円+税

愛と貨幣の経済学――快楽の社交主義へ　古賀 徹　定価2000円+税

魂深き人びと――西欧中世からの反骨精神　香田芳樹　定価2500円+税